V&R

kreuzundquer

Impulse für die Konfirmandenzeit

Herausgegeben von

Norbert Dennerlein und Martin Rothgangel

Im Auftrag der Kirchenleitung der
Vereinigten Evangelisch-Lutherischen Kirche Deutschlands (VELKD).

Unterstützt von ihren Gliedkirchen – Bayern, Braunschweig, Hannover, Mecklenburg, Nordelbien, Sachsen, Schaumburg-Lippe und Thüringen – sowie von den anderen Kirchen des Deutschen Nationalkomitees des Lutherischen Weltbundes – der Lippischen Landeskirche (Lutherische Klasse), Oldenburg, Pommern und Württemberg und der Evangelisch-Lutherischen Kirche in Baden.

Erarbeitet von

Norbert Dennerlein, Sabine Dievenkorn, Hans-Ulrich Keßler, Herbert Kolb, Christian Kopp, Ekkehard Langbein, Ingrid Machentanz, Karlo Meyer, Carsten Mork, Werner Müller, Martin Rothgangel, Marcell Saß, Robert Smietana, Hanfried Victor und Bernd Wildermuth

Vandenhoeck & Ruprecht

kreuzundquer

Impulse für die Konfirmandenzeit

Vandenhoeck & Ruprecht

Bibliografische Information Der Deutschen Bibliothek

Die Deutsche Bibliothek verzeichnet diese Publikation in der Deutschen Nationalbilbliografie;
detaillierte bibliografische Daten sind im Internet über <http://dnb.ddb.de> abrufbar.

ISBN 3-525-61494-2   (Arbeitsbuch, kartoniert)
ISBN 3-525-61495-0   (Ringbuchausgabe)
ISBN 3-525-61498-5   (Loseblattausgabe)

Grafische Gesamtkonzeption: Rudolf Stöbener, Göttingen
Satz: Weckner Fotosatz GmbH | media+print, Göttingen
Druck und Bindung: Nørhaven Book, Viborg, Denmark
Gedruckt auf alterungsbeständigem Papier.

Liebe Konfirmandin, lieber Konfirmand,

einen Teil deiner Freizeit setzt du jetzt für die Konfirmandenzeit ein.
Wir haben gedacht: Dann soll es dir Freude machen, dir zu denken und zu
leben geben, dich weiter bringen.

Darum bekommst du Material in die Hand, das noch nicht fertig ist, Material,
das darauf wartet, dass du dich damit auseinander setzt, dass du deine
persönlichen Erfahrungen einsetzt und deine Entdeckungen beiträgst. Du
machst dir dein eigenes Material zurecht, für jetzt und für später.

Wie der Name sagt:
kreuzundquer durch dein Leben und das Leben deiner Gemeinde,
kreuzundquer durch deine Freuden, Sorgen, Hoffnungen und Träume,
kreuzundquer durch die biblische und die heutige Welt.

Nimm ein Zeichen mit auf den Weg:

Konfis
e**R**kunden
G**E**genwart und
KREUZUNDQUER
Zukunft
Und
e**N**tdecken
Dabei
als **Q**uelle
z**U**m
L**E**ben:
Religion!

Wenn du einen anderen Satz mit den Buchstaben unseres
kreuzundquer-Kreuzes bilden kannst, schick ihn doch an die Herausgeber
(Dennerlein@velkd.de). Über die Homepage **www.konfiweb.de** wirst
du dann eine „Hitliste" finden.

Dieses Konfirmandenwerk konnte nur entstehen, weil eine Gruppe von
Frauen und Männern aus den Gliedkirchen der Vereinigten Evangelisch-
Lutherischen Kirche Deutschlands (VELKD) und anderen Kirchen des
Deutschen Nationalkomitees des Lutherischen Weltbundes (DNK/LWB) ihre
Zeit, Kraft und ihre Kompetenz zur Verfügung gestellt haben. Jeder und
jedem von ihnen möchte ich an dieser Stelle von Herzen danken.

Mein besonderer Dank gilt Herrn Oberkirchenrat Dr. Norbert Dennerlein, von dem die Idee eines neuen Konfirmandenwerkes der VELKD stammt und der an ihrer Verwirklichung intensiv mitgewirkt hat, sowie Herrn Prof. Dr. Martin Rothgangel, der die Entstehung von Anfang an wissenschaftlich begleitet hat. Ich danke dem Verlag Vandenhoeck & Ruprecht, allen voran Frau Dr. Martina Steinkühler, für die engagierte Arbeit.

Ich wünsche mir, dass dieses Konfirmandenwerk *kreuzundquer* dich und viele Jugendliche prägt, indem es Impulse für ein Leben in Verantwortung vor Gott und den Menschen gibt.

Hannover, Januar 2005

Dr. Hans Christian Knuth
Leitender Bischof der Vereinigten Evangelisch-Lutherischen Kirche Deutschlands (VELKD)

Leben wahrnehmen	Leben deuten	Leben gestalten	
Da sein	Schöpfung	weil ich gewollt bin	9
Zusammen leben	Gemeinschaft	um uns zu begegnen	19
Einander begegnen	Kirche, Gemeinde	um voneinander zu lernen	29
Uns mögen	Diakonie	so wie wir sind	39
Feiern	Gottesdienst	weil Gott uns liebt	49
Mitgehen	Leid, Tod, Kreuz	wenn jemand leidet	59
Hoffen	Leben nach dem Tod	dass da noch mehr ist	69
Beten	Beten, Vaterunser	weil immer jemand zuhört	79
Befreit leben	Rechtfertigung	weil Gott auf meiner Seite ist	89
Ich sein	Taufe	weil ich getauft bin	99
Dabei sein	Abendmahl	weil wir eingeladen sind	109
Bekennen	Glaubensbekenntnis	wozu ich stehe	119
Frei sein	Zehn Gebote	weil es Regeln gibt	129
Lieben	Liebe, Gott, Mensch	weil es gut tut	139
Träumen	Leben auf Zukunft hin	weil es Augen öffnet	149
Weitergehen	Konfirmation, Segen	weil ich gesegnet bin	159

Eine kleine Gebrauchsanweisung für dein Buch...

Die Bausteine haben doppelte Seitenzählung:

- Einmal sind alle Seiten des Buches durchnummeriert.
- Außerdem sind die einzelnen Seiten jedes Bausteins durchnummeriert.
  Es sind immer zehn.

Drei Farben führen dich durch jeden Baustein:

- Der blaue Balken bedeutet: Hier geht es um deine Fragen und die Fragen anderer Leute.
- Der orangefarbene Balken bedeutet: Hier werden Antworten angeboten.
- Der rote Balken bedeutet: Mach was draus!

Vier Symbolbilder geben Handlungsimpulse:

 Das Lupengesicht lädt dich ein:
Überlege, lies, gestalte zunächst für dich allein.

 Die beiden Halb-Gesichter bedeutet:
Und nun setzt euch zusammen – und miteinander auseinander.

 Die Pfeile im Doppelpack bedeuten: Verlink dich: Suche weitere Impulse und Informationen in anderen Materialien oder Medien – oder auch im Gespräch.

 Der Einzelpfeil nach draußen trägt eine Seitenzahl.
Das heißt: Da steht noch mehr zum Thema.

Vor allem aber findest du überall ganz viel Raum –
wir hoffen, dass du Freude daran hast, viel von dir dort einzutragen.
Das bringt dich weiter, als wenn wir alles vorgeben. Und später,
wer weiß, wirst du dich wundern ...

Da sein,
weil ich gewollt bin

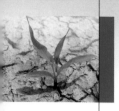

Wer bin ich?

Einige Fakten über mich

 Fülle aus – mit Worten, Zeichen und Farben.

Ich heiße _____ Mein Geburtstag ist am _____

Ich wohne in _____ Meine Lieblingsfarbe ist _____

103

Ich bin gern zusammen mit

Ich esse gern

Ich höre gern

Mein Taufspruch:
Eltern fragen! Und: Wenn du noch nicht getauft bist – später nachtragen.

Wege und Umwege: Wie komme ich hierher?

Konfirmandenzeit
●

 Wie kommst du zu deiner Konfirmandenzeit?
Mache eine Skizze. Gib eine Beschreibung des Wegs –
im wörtlichen oder im übertragenen Sinn.

 Lasst euch die Skizzen der anderen Konfirmandinnen
und Konfirmanden erläutern.

Wer ist neben mir?

Einige Fragen, die mich bewegen

Das frag ich mich ... *Und was sagst du?*

 Schreibe in das linke Feld Fragen, die dir unter den Nägeln brennen.
Schreibe in das rechte Feld, was dein Partner/deine Partnerin, der/die neben dir sitzt,
dazu sagt.

> Beispiele aus anderen Gruppen
> - Warum sitze ich hier?
> - Was will ich werden?
> - Wohin heute Abend?
> - Warum haben es die Menschen bloß immer so eilig?

 Spannend ist es, „Ketten" zu entwickeln: Aus einer Anfangsfrage folgt
eine zweite, eine dritte usw. – Probiere das mit deinem Partner oder deiner Partnerin:
du eine Frage – er/sie eine Frage – du wieder ...

> Beispiel
> - Warum pack ich nicht meine Sachen und geh?   ...Warum nicht abhauen?
> - Ist es anderswo besser als hier?   ...Was ist Freiheit?
> - Macht Freiheit glücklich?   ...Was macht eigentlich glücklich?

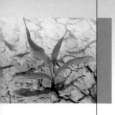

Was ist der Mensch?

„Typisch" Mensch – was ist das?

1 Ich denke, also bin ich.	2 Es ist nicht gut, dass der Mensch allein sei. *Das sagt ...*	3 Du bist Erde und sollst zu Erde werden. *Das sagt ...*
4 Irren ist menschlich.	5 Jeder ist sich selbst der Nächste.	6 Ob ihr lebt oder sterbt: Ihr seid Gottes Kinder. *Das sagt ...*
7 Der Mensch stammt vom Affen ab.	8	9

 Lies die Sätze und überlege, was sie bedeuten. Füge eigene Sätze hinzu.
Wähle „Top" und „Flopp" und trage ein:

Ich halte Nummer _____ für eine wichtige Antwort, weil _____

Ich ärgere mich über Nummer _____, weil _____

 Stellt eure „Tops" und „Flopps" zur Diskussion. Was sagen die anderen aus der Gruppe?
Führt am Ende der Diskussion eine Abstimmung durch:

	... ist wichtig.	... ist ärgerlich.
Satz 1		
Satz 2		
Satz 3		
Satz 4		
Satz 5		
Satz 6		
Satz 7		

104

 Die Sätze 2, 3, 6 stammen aus der Bibel.
Schlage nach und finde heraus, wer da spricht.
Füge den Sprecher oben in die Kästchen ein.

 1 Mose, Kapitel 2, Vers 18. 1 Mose, Kapitel 3, Vers 19.
Römerbrief Kapitel 14, Vers 8

 Einigt euch in der Gruppe auf einen Satz:

Gott sagt: Der Mensch ist ...

Der Mensch vor Gott

Im Gottesdienst ...

„...wird viel gesprochen", sagte neulich eine Konfirmandin. „Der Pfarrer redet und betet und predigt. Die Gemeinde betet und bekennt. Sie reden über Gott. Sie reden mit Gott. Und wie ist es mit Gott ...? Ich glaube, manchmal, wenn alle still sind, redet Gott auch."

Beispiele

Die Pastorin begrüßt die Gemeinde: Der Herr sei mit euch.
Die Gemeinde antwortet: Und mit deinem Geist (= mit dir).

Die Pastorin und die Gemeinde bitten Gott:
Kyrie eleison = Herr, erbarme dich!
Christe eleison = Christus, erbarme dich!
Kyrie eleison = Herr, erbarme dich.

Die Pastorin segnet die Gemeinde:
Der Herr segne dich und er behüte dich.
Er lasse sein Angesicht leuchten über dir und sei dir gnädig.
Der Herr erhebe sein Angesicht auf dich und gebe dir Frieden.

Beim Abendmahl loben die Pastorin und die Gemeinde Gott:
Bei dir ist die Quelle des Lebens: In deinem Lichte sehen wir das Licht.

164

 Sieh dir die Worte an, die da gewechselt werden.
Was kann oder soll Gott für die Menschen tun?
Trage Stichworte in die Sprech-Wolke ein.

 Sammle im nächsten Gottesdienst weitere Worte darüber,
was Gott den Menschen tut. Hier ist Platz für deinen besten Fund.

 Vergleicht eure Funde und sprecht über eure Wahl.

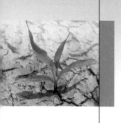

Gott sagt ja

„Und siehe, es war gut..."

Im Gottesdienst bekennt die Gemeinde ...:

Ich glaube an Gott, den Vater,
den Allmächtigen,
den Schöpfer des Himmels und der Erde.

 1 Mose, Kapitel 1, Vers 1 bis Kapitel 2, Vers 4;
die Schöpfung in sieben Tagen.

 Zeichne die Werke der sieben Schöpfungstage in den Strahl ein.
Schreibe darunter, wie Gott das, was er geschaffen hat, beurteilt.

Und Gott sprach:

Gott ist der Schöpfer – Was ist der Mensch?

 Suche dir eines der beiden
„Menschenbilder" aus.
Schreibe dazu, was es dir
bedeutet.

Gott sagt: ja, trotzdem!

Die Urgeschichte, das sind die ersten Kapitel der Bibel, berichtet auch von
Enttäuschungen, die Gott mit seinen Geschöpfen erlebte: von Adam und Eva,
die verbotene Früchte aßen, von Kain, der seinen Bruder Abel erschlug,
vom blinden Streben der Menschen nach „immer höher" und „immer mehr".

Trotzdem hält Gott an den Menschen fest. Nach der Sintflut setzt er seinen
Bogen in den Himmel – als Zeichen seiner Treue, als Brücke zwischen Gott
und Mensch.

→ 43

 Schreibe in den Regenbogen, was Gott den Menschen verspricht:
1 Mose, Kapitel 8, Vers 22.

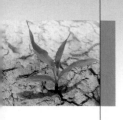

Gottesbilder bei uns
und in der Nachbarschaft

Gott – Der Mensch macht sich Bilder ...

In unserer Kirche finde ich folgende Gottesdarstellungen
oder Hinweise auf Gott ...

Am Altar		Auf den Fenstern	
	An der/über der Kanzel		Am Taufstein
...			

Ein Blick in andere Gotteshäuser

In einer Synagoge finde ich keine Bilder von Gott. Sein Name wird
geschrieben, aber nicht einmal ausgesprochen – so heilig ist er.

 Zeichne den hebräischen Namen Gottes nach!

In einer Moschee finde ich weder Bilder von Gott noch Symbole. Stattdessen
verwenden Muslime zur schmückenden Gestaltung Schönschrift.

 Zeichne den arabischen Namen Gottes nach!

 Überlegt in der Gruppe:
Was spricht dagegen, Bilder von Gott zu machen?

 In 2 Mose, Kapitel 20, Vers 4 steht das „Bilderverbot",
auf das sich sowohl Christen als auch Juden und Muslime
beziehen.

Der Mensch als Ebenbild Gottes

Ein Bild von Gott

Nina war in einem Jugendgottesdienst. Alles drehte sich um Schöpfung.
Zwei Sätze nimmt sie mit nach Hause, die ihr zu denken gegeben haben:

Gott schuf den Menschen zu seinem Bilde,
zum Bilde Gottes schuf er ihn.

(im Predigttext)

Was ist der Mensch, dass du seiner gedenkst,
und des Menschen Kind, dass du dich seiner annimmst?
Du hast ihn wenig niedriger gemacht als Gott ...

(im Gebet)

Jetzt fragt sie dich: Wie soll ich mir Gott eigentlich vorstellen?
Wie stellst du ihn dir vor?

 Du hast hier Platz für dein Gottesbild. Du kannst malen, beschreiben, ausschneiden und kleben, dichten oder ein Märchen erzählen. Du kannst Gott auch abbilden, wie andere ihn sehen, Bekannte von dir oder z.B. Dichter in der Bibel (Psalmen).

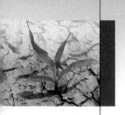

Gott will mich – will ich Gott?

Sascha, 15 Jahre, im Chatroom: Ich weiß nicht ... wenn ich immerzu gesagt bekomme: Gott will dich, Gott sucht dich, Gott passt auf dich auf – dann frage ich mich: Will ich das? Was habe ich mit ihm zu schaffen? Und: Was habe ich davon?

Hier kannst du zum Beispiel eine E-Mail-Antwort an Sascha verfassen. Wenn andere nicht lesen sollen, was du schreibst, schreibe einen Brief, stecke ihn in einen Umschlag und klebe ihn hier ein.

Gott sagt: Es ist gut. Gott sagt: Ich will dich. Gott sagt: Ich habe dich bei deinem Namen gerufen, du bist mein. Gott sagt: Ich habe dich je und je geliebt. Gott sagt: Ich gebe dir Flügel. Gott sagt: Wenn auch eine Mutter ihre Kinder im Stich lassen kann – ich nicht, ich bin treu. Gott sagt: Ich bin bei dir. Gott sagt: Ich höre dein Klagen und Weinen. Gott sagt: Ich will dich trösten. Gott sagt: Es ist gut. Gott sagt: Ich will dich. Gott sagt: Ich habe dich bei deinem Namen gerufen, du bist mein. Gott sagt: Ich habe dich je und je geliebt. Gott sagt: Ich gebe dir Flügel. Gott sagt: Wenn auch eine Mutter ihre Kinder im Stich lassen kann – ich nicht, ich bin treu. Gott sagt: Ich bin bei dir. Gott sagt: Ich höre dein Klagen und Weinen. Gott sagt: Ich will dich trösten. Gott sagt: Es ist gut. Fürchte dich nicht. Gott sagt: Ich will dich. Gott sagt: Ich habe dich bei deinem Namen gerufen, du bist mein. Gott sagt: Ich habe dich je und je geliebt. Gott sagt: Ich gebe dir Flügel. Gott sagt: Wenn auch eine Mutter ihre Kinder im Stich lassen kann – ich nicht, ich bin treu. Gott sagt: Ich bin bei dir. Gott sagt: Ich höre dein Klagen und Weinen. Gott sagt: Ich will dich trösten. Gott sagt: Es ist gut. Gott sagt: Ich will dich. Gott sagt: Ich habe dich bei deinem Namen gerufen, du bist mein. Gott sagt: Ich habe dich je und je geliebt. Gott sagt: Ich gebe dir Flügel. Gott sagt: Wenn auch eine Mutter ihre Kinder im Stich lassen kann – ich nicht, ich bin treu. Gott sagt: Es ist gut. Gott sagt: Ich will dich. Gott sagt: Ich habe dich bei deinem Namen gerufen, du bist mein. Gott sagt: Ich habe dich je und je geliebt. Gott sagt: Ich gebe dir Flügel. Gott sagt: Wenn auch eine Mutter ihre Kinder im Stich lassen kann – ich nicht, ich bin treu. Gott sagt: Ich bin bei dir. Gott sagt: Ich höre dein Klagen und Weinen. Gott sagt: Ich will dich trösten. Gott sagt: Es ist gut. Gott sagt: Ich will dich. Gott sagt: Ich habe dich bei deinem Namen gerufen, du bist mein. Gott sagt: Ich habe dich je und je geliebt. Gott sagt: Ich gebe dir Flügel. Gott sagt: Wenn auch eine Mutter ihre Kinder im Stich lassen kann – ich nicht, ich bin treu. Gott sagt: Ich bin bei dir. Gott sagt: Ich höre dein Klagen und Weinen. Gott sagt: Ich will dich trösten. Gott sagt: Es ist gut. Gott sagt: Ich will dich. Gott sagt: Ich habe dich bei deinem Namen gerufen, du bist mein. Gott sagt: Ich habe dich je und je geliebt. Gott sagt: Ich gebe dir Flügel. Gott sagt: Wenn auch eine Mutter ihre Kinder im Stich lassen kann – ich nicht, ich bin treu. Gott sagt: Ich bin bei dir. Gott sagt: Ich höre dein Klagen und Weinen. Gott sagt: Ich gebe dir Flügel. Gott sagt: Ich bin treu. Gott

Zusammen leben,
um uns zu begegnen

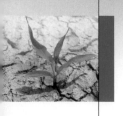

Allein und gemeinsam

Leben ist ein häufiger Wechsel zwischen Begegnungen mit dir selbst und mit anderen.

Was ist dir kostbarer: Wenn du allein für dich sein kannst oder wenn du mit anderen zusammen bist? Was spricht bei dir im Moment eher für ein Leben „allein"? Was eher für ein Leben mit anderen „gemeinsam"?

 Betrachte die Tabelle.
Was kannst du ergänzen, was willst du streichen?

Allein		Gemeinsam	
+	–	+	–
Ich esse alles allein!	Wer redet mit mir? Wer hört mir zu?	Ich kann um Hilfe bitten, wenn ich allein nicht klarkomme.	Ich muss für andere mitdenken.
Keiner stört mich!	Wer sagt mir, wenn ich mal total daneben liege?	Zusammen haben wir mehr Spaß.	Ich muss auf andere Rücksicht nehmen.
Ich komme und gehe nach Belieben.			
Ich bleibe auf, solange ich will.			

 Welche Spalte fiel euch leichter auszufüllen?
Welche Spalte in der Tabelle fiel euch schwerer? Warum?
Welche Spalte zählt für euch mehr?
Sprecht darüber und begründet eure Meinung.

Gönne dich dir selbst!
Ich sage nicht: Tu das immer. Ich sage nicht: Tu das oft.
Aber ich sage: Tu es wieder einmal.
Sei wie für alle anderen Menschen auch für dich selbst da.
Oder jedenfalls sei es nach allen anderen.

Bernhard von Clairvaux, französischer Mönch, 1090–1135

Meine Familie und meine Freunde

Ob ich will oder nicht: Meine Familie

 Hier ist Raum für deine Familie: Klebe ein Familienfoto ein *oder* zeichne deine Familie (vielleicht als Karikatur?) *oder* stelle ein wichtiges Familienmitglied vor. Du kannst – in Sprechblasen – *typische Äußerungen* hinzufügen.

 Findet im Gespräch über die Bilder (s.o.) „Familie ist wie ..."-Sätze. Sprecht darüber, wann, wie oder warum sie passen. *Familie ist wie ein Mantel? Familie ist wie eine Fessel ...?*

Ich halte zu euch: Meine Freunde

 Wer gehört dazu? Schreibe die Namen und zeichne jeweils ein Markenzeichen dazu.

 „Oma besuchen? – Tut mir Leid, bin schon mit Nina verabredet ..."
Familie oder Freunde? – Wie löst ihr solche Fragen?

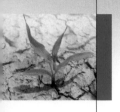

Unsere Konfirmandengruppe

Eingeladen und dazu gekommen:
Meine Konfirmandengruppe

 Lass dir von jeder und jedem aus der Gruppe einen Fingerabdruck
und die Unterschrift dazu auf diese Seite machen.

 Überlege (am besten mit einem Partner), Eigenschaften und
Begabungen, die dir bei den Gruppenmitgliedern schon aufgefallen sind.
Ihr könnt sie neben die Namen schreiben.

 Sprecht darüber, was euch an der Gruppe gefällt oder nervt.
Verabredet Regeln.
(Schreibt sie in die beiden Kästen.)

130

Das **wollen wir** in unserer Gruppe:	Das wollen wir in unserer Gruppe **nicht**:
1.	1.
2.	2.
3.	3.
4.	4.

 3 Mose, Kapitel 19, Vers 18:
... deinen Nächsten lieben wie dich selbst ...

Was ist Gemeinschaft?

Gemeinschaft macht stark, weil ...
- alle zusammenhalten.
- alle an einem Strang ziehen.
- alle einander helfen.
- alle sich gegenseitig Mut machen.
- jeder dem anderen eine Chance gibt.
- keiner den anderen auslacht.
- keiner den anderen im Stich lässt.
- _____
- _____
- _____
- _____

 Was zählt für dich am meisten? Kreuze an bzw. ergänze!

Die Gemeinde ist eine Gemeinschaft

 Wo entdeckt ihr, dass dies auch in eurer Kirchengemeinde passiert? Die Fotos können beim Aufspüren helfen.

67

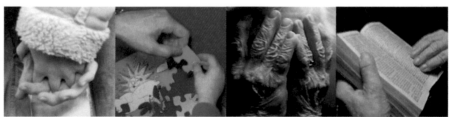

 Apostelgeschichte, Kapitel 2, Verse 42–47; Matthäus, Kapitel 25, Verse 31–40

 Erkunde im Gemeindebrief, welche Veranstaltungen und Angebote es gibt, in denen die Gemeinschaft besonders zum Tragen kommt.

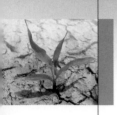

Gemeinschaft in der Bibel

Viele Geschichten der Bibel, vor allem im Alten Testament, sind Familiengeschichten: Abraham, Noah, Jakob, Joseph, Ruth.

Und das sind keine Heile-Welt-Geschichten! Da gab es Streit, Neid, Eifersucht, mindestens so heftig, wie es auch heute in der Zeitung steht.

Alles schon mal da gewesen!? Eines ist aber immer wieder neu: Wie gehen die Betroffenen mit den Schwierigkeiten um? Welche Lösungen suchen sie? Wie entscheiden sie sich?

153

Was hatte eigentlich …

Kain gegen Abel?	1 Mose, Kapitel 4
Esau gegen Jakob?	1 Mose, Kapitel 27, Verse 1–23; 30–41
Saul gegen David?	1 Samuel, Kapitel 18, Verse 5–12
Marta gegen Maria?	Lukas, Kapitel 10, Verse 38–42

Schreibe für eine der Geschichten kurz auf:

Wer gegen wen?

_____

Was war der Grund?

_____

Wie ging es aus?

_____

Welches Ende wäre mir lieber gewesen?

_____

_____

_____

Vergleicht eure Ergebnisse; bildet Gruppen zu den einzelnen Geschichten und entwickelt kurze Hörspiele in zwei Szenen: Streit und Lösung. Ihr könnt dabei eine von euren Lösungen verwenden.

In Beziehung zu Gott und zum Nächsten

In den Familiengeschichten der Bibel wird nicht nur erzählt, wie Menschen miteinander klarkommen – oder nicht. Es geht auch immer um Gott.

44

Gott will Gemeinschaft. Er schenkt sie und will, dass Menschen sich gegenseitig Freude bereiten, sich helfen und aufeinander Acht geben.

Du sollst Gott lieben
und Deinen Nächsten wie dich selbst!
Das Doppelgebot der Liebe   Mose/Jesus

Die Werke der Nächstenliebe/Barmherzigkeit

Suche aus Matthäus, Kapitel 25, Verse 31–40, heraus, was „typisch Nächstenliebe" ist. Du musst auf sechs Tätigkeiten kommen. Erfinde zu jeder Tätigkeit ein Zeichen und male es daneben.

135

1. _____

2. _____

3. _____

4. _____

5. _____

6. _____

Vergleicht eure Ergebnisse. Sucht in Zeitschriften, Zeitungen, Internet nach aktuellen Abbildungen von Szenen/Zeichen der Nächstenliebe. Gestaltet Collagen oder eine gemeinsame Wandzeitung.

Die Goldene Regel

Behandelt die Menschen so,
wie ihr selbst von ihnen
behandelt werden wollt! *Jesus*

Diskutiert: Was würde das bedeuten? In der Kassenschlange? Im Straßenverkehr? In der Klasse?

Im Gottesdienst

Rund um die Predigt

Vor der Predigt ...

... sprechen wir gemeinsam das Glaubensbekenntnis. Da bekennen wir:

Ich glaube an die Gemeinschaft
der Heiligen ...

Nach der Predigt ...

... gibt es die so genannten *Abkündigungen*. Wir erfahren, wer getauft und getraut worden, wer gestorben ist, und auch, welche besondere Veranstaltungen, Angebote und Vorhaben in der Gemeinde geplant sind.

... werden im *Fürbittgebet* Anliegen der Gemeinde gemeinsam vor Gott gebracht.

Freut euch mit den Fröhlichen
und weint mit den Weinenden.   *Paulus*

 Wo entdeckt ihr im Gottesdienst weitere Hinweise auf Gemeinschaft?

Zusammenleben ... im Judentum

Rabbi Berechja sagte einst im Namen Rabbi Levis:

Ein König hatte einen Weinberg und überließ ihn der Obhut eines Pächters. Wenn der Wein gut war, sprach er: „Wie gut ist doch der Wein von meinem Weinberg!"
Aber wenn der Wein schlecht war, sprach er: „Wie schlecht ist der Wein meines Pächters!"
Da sagte der Pächter: „Ob der Wein nun gut oder schlecht ist, so ist er doch auf jeden Fall dein Wein."

 Was bedeutet diese Geschichte für mich und unsere Gruppe?

Richte deinen Mitmenschen nicht,
bis du in seine Lage kommst.   *Rabbi Hillel*

Und staunen

 Finde einen Titel für das Bild.

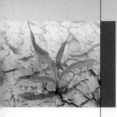

Ich und Andere

Welches Muster passt zu dir und denen, mit denen du zusammenlebst?
Hier kannst du abbilden, was für dich Zusammenleben bedeutet:

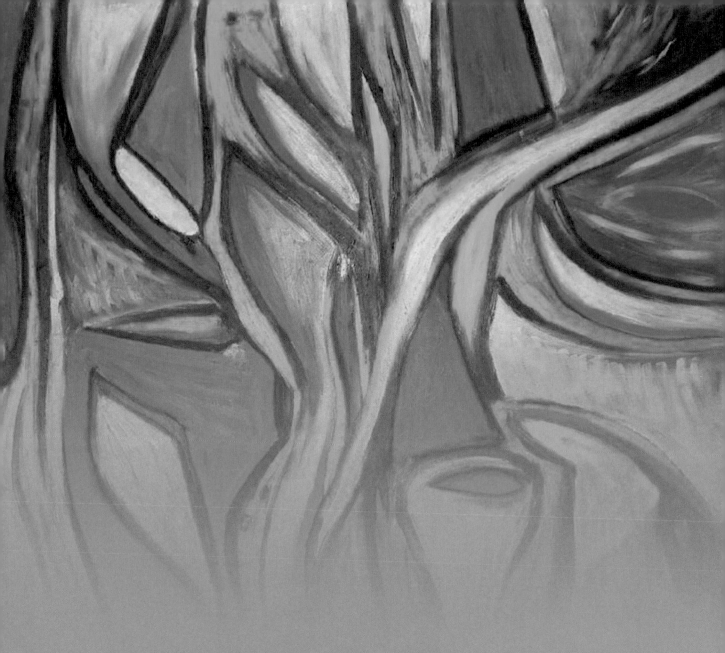

Einander begegnen,
um voneinander zu
lernen

Meine Lebensräume

Mein persönlicher Stadtplan: Orte, zu denen ich gehe

 Du siehst hier einen Stadtplan mit Zentrum, Haupt- und Nebenstraßen. Er ist noch nicht fertig. Mache ihn zu deinem persönlichen Stadtplan, indem du

a) die Orte einzeichnest, zu denen du oft gehst; und

b) diese Orte dort einzeichnest, wo sie deinem Gefühl nach liegen sollten: also für dich Wichtiges direkt in der Mitte, für dich nicht so Wichtiges im Abseits, Geheimes im Verborgenen.

 Lass dir den Stadtplan deines Partners oder deiner Partnerin erklären.

 Begründe selbst und erfrage andere Meinungen (Eltern, Freunde …).

Ort	Deine Meinung	Meinung anderer
Bushäuschen	Da treffe ich Freunde.	Die lungern da nur rum.
Schule	Find ich langweilig und nervig …	Da lernst du was fürs Leben.

Woran ich mich orientiere

Mein Ideal

Ich möchte sein wie _____ ,

weil _____

_____

_____

_____

_____

Was ich an anderen Menschen gut finde

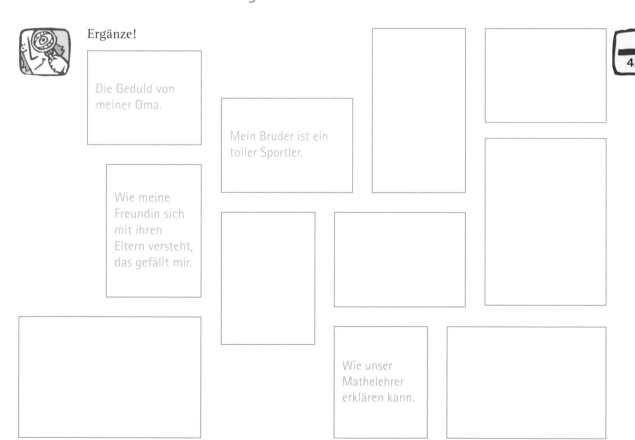

Ergänze!

Die Geduld von meiner Oma.

Mein Bruder ist ein toller Sportler.

Wie meine Freundin sich mit ihren Eltern versteht, das gefällt mir.

Wie unser Mathelehrer erklären kann.

42

Überlegt, in welchen *Gruppen* außerhalb der Konfirmandenzeit ihr zusammen seid (Verein, Arbeitsgemeinschaft, Schulklasse, Chor ...) und bildet entsprechende Kleingruppen. Macht „Werbung" für eure Gruppe: einen Slogan, ein Poster, eine Einladung zu einem „Tag der Offenen Tür".

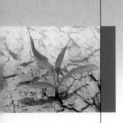

Die Kirche

Kirche ... ist nicht nur ein Wort

Beim Abendessen. Mutter: Was macht ihr eigentlich gerade in Reli?
Leon (einsilbig): Kirche.
Maja: Was gibt's denn da groß zu lernen? Kirche ist ein
Haus mit einem Turm.
Leon (lacht): Dachte ich auch. Hahn oben drauf. Und Glocken.
Bimm-bamm.

Maja: Man kann auch hineingehen. Leon (seufzt): Haben wir gemacht.
Da musst du dann lernen, wo alles steht und wie es heißt. Maja: Was denn?

Leon (malt eine flüchtige Skizze): Sieh her ... kannst du das beschriften?

55

Zeichne einen Grundriss deiner Kirche und trage den Altar, die Orgel, das Taufbecken, die Kanzel und das Lesepult ein. Was steht auf dem Altar und wo sitzt die Gemeinde?

Maja hat eine Menge Fragen zu den Einrichtungsgegenständen – was sie bedeuten, wozu sie da sind, wer sie benutzt ... Entwickelt das Gespräch zu zweit weiter. Was fragt Maja? Was antwortet Leon? Nehmt euer Gespräch mit dem Kassettenrekorder auf, protokolliert es oder spielt es als Rollenspiel. Vergleicht das Ergebnis anschließend in der Gruppe.

Später. Maja: Na ja ... und was hab ich jetzt davon?
Leon: Das ist erst der Anfang. Kirche ist nämlich nicht bloß ein Haus.
Wir sollen herausfinden: Welche Menschen gehören zur Kirche, haben was mit Kirche zu tun, – sind vielleicht sogar Kirche?
Maja: ... sind ... Kirche? Wieso ...?

Fallen euch Menschen ein, die zur Kirche gehören oder für die Kirche arbeiten? Wie nah, wie fern würdet ihr sie anordnen?

www.kirchenbau.de

Die Kirchengemeinde

Kirche konkret: Meine Gemeinde

 Welche *kirchlichen Gebäude und Räume* gibt es in deiner Kirchengemeinde?

 Welche *Mitarbeitenden* gibt es in deiner Kirchengemeinde? Was tun sie?

Name	Aufgabe/Tätigkeit

 Welche *Gruppen und Kreise* gibt es in eurer Kirchengemeinde? Besorge dir einen Gemeindebrief und klebe hier einen Ausriss mit verschiedenen Veranstaltungen/Terminen ein.

51

 Wie wird man eigentlich Mitglied in der Kirchengemeinde? Mache eine kleine Umfrage. Notiere, wer was geantwortet hat:

 Schreibe zum Schluss, was der Leiter/die Leiterin deiner Konfirmandengruppe dazu sagt:

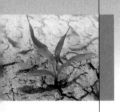

Die Kirche weltweit

Kirche – das sind alle Getauften

> Jesus sprach zu seinen Jüngern:
> Mir ist gegeben alle Gewalt im Himmel und auf Erden.
> Darum gehet hin und machet zu Jüngern alle Völker:
> Taufet sie auf den Namen des Vaters und des Sohnes und des Heiligen Geistes
> und lehret sie halten alles, was ich euch befohlen habe.
> Und siehe, ich bin bei euch alle Tage bis an der Welt Ende.
>
> *Matthäus, Kapitel 28, Verse 18–20*

Stimmt das: Alle Getauften auf der ganzen Erde sind Christen? –
Ja, sicher, sie sind auf Christi Namen getauft und sie alle zusammen sind
Kirche. – Aber – warum gehen dann nur manche sonntags zur Kirche
und die anderen alle nicht?

 Wie findest du das?

hmmmm...

Aber wenn alle Getauften Christen sind
und zur Kirche gehören – warum gibt es dann so
viele verschiedene Kirchen?

Meistens sind die Kirchen bei uns katholisch oder
evangelisch, es gibt aber auch orthodoxe Kirchen.
Aber selbst innerhalb der katholischen, evangelischen und
orthodoxen Kirchen finden sich nochmals Unterscheidungen.

 Erfragt oder schlagt nach (Internet!):
a) Gemeinsamkeiten und Unterschiede zwischen katholisch und evangelisch.
b) Welche unterschiedlichen evangelischen Glaubensgemeinschaften gibt es bei euch?

 www.ekd.de, www.oekumene-ack.de und: www.wcc-coe.org.
Welche evangelischen Kirchen gehören zur „EKD", welche zur „ACK"? Um wie
viele Mitglieder handelt es sich jeweils? Welche kirchlichen Aktivitäten findet ihr,
um die „Wände" zwischen Kirchen und Konfessionen durchlässig zu machen?

 Besprecht das Problem der vielen „Wände" in der einen Kirche.
Findet einen coolen Spruch, der die Kirchen zur Einheit ruft!

 Lest die Pfingstgeschichte (Apostelgeschichte, Kapitel 2).
Seht ihr den Zusammenhang?
Bedenkt: Man nennt Pfingsten den Geburtstag der Kirche!

Gemeinschaft weltweit

Kanzelgruß vor der Predigt

„Die Gnade unseres Herrn Jesus Christus und die Liebe Gottes und die Gemeinschaft des Heiligen Geistes sei mit euch allen!" Amen

2. Korintherbrief, Kapitel 13, Vers13

> Wir glauben, dass die Einheit, die zugleich Gottes Wille und seine Gabe an seine Kirche ist, sichtbar gemacht wird, indem alle an jedem Ort, die in Jesus Christus getauft sind und ihn als Herrn und Heiland bekennen, durch den Heiligen Geist in eine völlig verpflichtete Gemeinschaft geführt werden, die sich zu dem einen apostolischen Glauben bekennt, das eine Evangelium verkündigt, das eine Brot bricht, sich im gemeinsamen Gebet vereint und ein gemeinsames Leben führt, das sich in Zeugnis und Dienst an alle wendet.
>
> Sie sind zugleich vereint mit der gesamten Christenheit an allen Orten und zu allen Zeiten in der Weise, dass Amt und Glieder von allen anerkannt werden und dass alle gemeinsam so handeln und sprechen können, wie es die gegebene Lage im Hinblick auf die Aufgaben erfordert, zu denen Gott sein Volk ruft.
>
> Wir glauben, dass wir für solche Einheit beten und arbeiten müssen.
>
> *Erklärung der ökumenischen Versammlung in Neu-Delhi 1961*

Die weltweite Gemeinschaft vieler christlicher Kirchen nennt man die *Ökumene:* Gemeinschaft der Christen auf der ganzen Erde.
Das Bild mit dem Schiff ist das Zeichen dafür. Es stellt den Wunsch nach der Einheit der Christen dar. Auf den Wellen geht es auf und ab, mal ruhig und friedlich, ein andermal stürmisch und bedrohlich.
Christinnen und Christen sagen: „Jesus ist unser Steuermann. Wir brauchen uns nicht zu fürchten. Wir gehören zusammen und sind eine große Gemeinde. Sie ist wie ein Schiff, in dem wir gemeinsam sitzen."

 Das *Schiff* als ein Zeichen der Gemeinschaft:
Sucht in der Bibel nach anderen Bilder für die Zusammengehörigkeit der Christenheit.

 Lukas, Kapitel 8, Verse 22 bis 25; und für andere Bilder der Zugehörigkeit zu Jesus: 1. Korintherbrief, Kapitel 12, Verse 12–31a; Epheserbrief, Kapitel 2, Verse 19–22

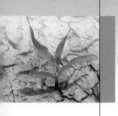

Das Volk Israel –
eine besondere Gemeinschaft

Höre, Israel, der HERR ist unser Gott, der HERR allein.

Gesegnet sei der herrliche Name seines Reiches in Ewigkeit.

Du sollst den HERRN, deinen Gott, lieb haben von ganzem Herzen, von ganzer Seele und mit all deiner Kraft.

Und diese Worte, die ich dir heute gebiete, sollst du zu Herzen nehmen und sollst sie deinen Kindern einschärfen und davon reden, wenn du in deinem Hause sitzt oder unterwegs bist, wenn du dich niederlegst oder aufstehst. Und du sollst sie binden zum Zeichen auf deine Hand, und sie sollen dir ein Merkzeichen zwischen deinen Augen sein, und du sollst sie schreiben auf die Pfosten deines Hauses und an die Tore.

5 Mose, Kapitel 6, Verse 4–9

Die beiden hervorgehobenen Verse dieses wichtigsten Gebets der Juden kennen auch viele Christinnen und Christen – wenn nicht: schlage nach: Lukas Kapitel 10, Vers 27. Kläre den Zusammenhang.

Die Gemeinschaft des Volkes Israel mit seinem Gott beginnt mit dem Auszug aus Ägypten. Da hat Gott ihnen gezeigt, dass er das Klagen der Unterdrückten hört, dass er Abrahams Nachkommen nicht im Stich lässt, sie begleitet, und dass er retten kann.

Zur Kirche gehören alle Getauften. Wer gehört zum „Volk Israel"?

Das Volk Israel hat in seiner Geschichte den Verlust seiner Heimat, Verbannung und Zerstreuung erlebt. Umso wichtiger ist es Juden bis heute, als erwähltes Volk Gottes kenntlich zu sein. Überlegt, was Worte wie die folgenden einem Menschen bedeuten, der verbannt ist, seine Wurzeln verloren hat und nicht weiß, ob er je nach Hause zurückkehren kann:

> Und nun spricht der Herr,
> der dich geschaffen hat, Jakob,
> und dich gemacht hat, Israel:
> Fürchte dich nicht, denn ich habe dich erlöst.
> Ich habe dich bei deinem Namen gerufen.
> Du bist mein.
>
> *Jesaja, Kapitel 43, Vers 1*

Es lohnt sich unbedingt, die Jesaja-Stelle weiter zu lesen!

Dazu gehören

Ganz offen und ganz bezogen

„Alle sind willkommen", steht auf der Tür der Christuskirche in N.
Seit vorgestern hängt darunter ein Plakat. Da steht:

Alle sind willkommen ... aber nicht die Bettler am Bahnhof.

Alle. Aber keine Kriminellen, keine Lügner, keine Huren, keine Schwulen,
keine Schwarzfahrer, keine Mathelehrer ...

Alle. Aber nicht die, die immer nur fordern und selbst nichts bringen.

Alle. Aber nicht die, die quer denken, nicht die, die nicht cool sind,
nicht die, mit denen man immer nur Ärger hat. Keine Ausländer.

Alle. Aber nicht die Alten, die Kranken, die Behinderten.
Nicht die, die peinlich oder lästig sind.

 Lest Lukas Kapitel 14, Verse 15 bis 24 „Das große Abendmahl" –
Gestaltet ein neues Plakat.

> Kommt her zu mir,
> alle, die ihr mühselig und beladen seid;
> ich will euch erquicken!
>
> *Jesus*

115

Lydia war am anderen Ende der Welt, in Australien. Sie erzählt von
vielem, das dort anders war als zu Hause. „Aber stellt euch vor", sagt sie:
„Im Gottesdienst, in der Kirche, da ging es genauso los wie bei uns:

„Im Namen Gottes, des Vaters und des Sohnes und
des Heiligen Geistes ..."

Und sogar ein paar Texte habe ich erkannt und konnte sie – auf Deutsch –
mitsprechen: das Vater Unser, das Glaubensbekenntnis ... und am Ende gab
es den Segen. Eines der Lieder kannte ich auch ..."

 Sieh im Gesangbuch nach: Manche Lieder sind mit einem Ö
für „Ökumene" gekennzeichnet – es sind oft Übersetzungen aus
anderen Sprachen. Ordne einige der Lieder einer Weltkarte zu.

 „Christus verbindet weltweit" – Entwerft zu diesem Slogan
ein eigenes Bild oder eine Collage, um die Offenheit und den
Zusammenhalt der Kirche deutlich zu machen.

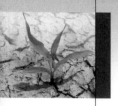

Meine „Traumkirche"

Gebet

HERR, erwecke deine Kirche und *fange bei mir an.*
HERR, baue deine Gemeinde und *fange bei mir an.*
HERR, lass Frieden und Gotteserkenntnis überall auf Erden
kommen und *fange bei mir an.*
HERR, bringe deine Liebe und Wahrheit zu allen Menschen
und *fange bei mir an.* Amen

Aus China

Mein Traum von Kirche

Uns mögen,
so wie wir sind

Eigenartig

Von Hand gemacht

Nimm einen Klumpen
Ton.
Lass dir die Augen
verbinden.
Forme mit geschlossenen
Augen –
einen Menschen.

Körper, Arme, Beine,
Kopf –
Stell ihn dir vor.
Sieh das Bild
des Menschen,
den du formen willst –
mit geschlossenen
Augen.

Du lässt dir Zeit.
Aber dann bist du fertig.
Lege deinen Menschen
vorsichtig vor dich hin.
Öffne die Augen –
und sieh.

Wunderst du dich?
Ist er anders,
als du ihn dir dachtest?
Ist er eigenartig?
Ist er nicht,
wie er ist,
einzigartig?

 Klebe hier die Abbildungen verschiedener Barbie-Puppen ein (Versandhauskatalog). Wie kannst du sie voneinander unterscheiden?

 Überlegt euch Namen für eure Collagen. Macht eine Liste und stimmt darüber ab. Der „Hit der Gruppe" kann oben eingetragen werden.

Vielfältig

Sammle Fotos von vielen, möglichst verschiedenen Menschen.
Wie kann man sie unterscheiden? Was macht sie unverwechselbar?

Beschreibe einen der abgebildeten Menschen genau:

Steckbrief

Männlich oder weiblich? _____

Alter _____

Haarfarbe _____

Besondere Merkmale _____

_____

_____

Was gefällt dir an diesem Menschen?

_____

_____

Lass deinen Nachbarn/deine Nachbarin raten, wen du beschrieben hast.

Vergleicht eure Menschen-Collagen mit euren Barbie-Collagen.
Stimmt ab: Was findet ihr interessanter? Tragt das Ergebnis hier ein:

☐ A Die Barbies   ☐ B Die Menschen

Schwach und stark

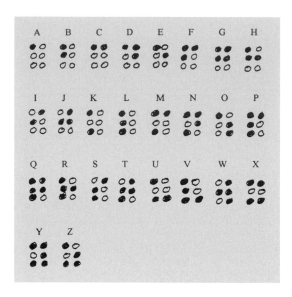

Blindenschrift: Mit den Fingern lesen.
Für jeden Buchstaben gibt es ein bestimmtes Muster.
Die schwarzen Punkte sind kleine „Buckel",
die weißen flach. Wer die Muster gelernt hat, kann
also fühlen, um welchen Buchstaben es sich handelt.

Ihr könnt es ausprobieren, indem ihr
die Muster auf dünne Pappe übertragt und
mit einer Prickelnadel die schwarzen
Punkte ausstecht. Stellt euch gegenseitig
kleine Aufgaben.

Fünf Sinne hat der Mensch – und viele Gaben

Und wenn ein Sinn fehlt?
Dann sind da immer noch vier.
Und viele Gaben.
Und diese vier –
Die wachsen über sich hinaus.

Erzählt euch Geschichten von Menschen mit vier Sinnen –
wahre oder gut ausgedachte.

– Da kann einer nicht hören, aber er sieht dich an und weiß,
was du sagen willst.
– Sie kann nicht sehen, aber am Klang deiner Stimme
erkennt sie dich unter Hunderten.

– Sie tanzte auf dem Eis. Tanzte wie eine Elfe. Getragen von den
Tönen ihrer Musik. Sie hörte sie nicht. Aber sie spürte ihr Wehen
über das Eis.

Hier ist Platz für deine beste „Vier-Sinne-Geschichte".

Gott ähnlich

15

Lasset uns Menschen machen,
sagte Gott zu sich selbst,
als er es leid war,
mit sich allein zu sein.

Lasst uns Menschen machen,
die uns ähnlich sind,
reich an Einfällen,
einzig, unverwechselbar.

Lasst uns Menschen machen,
mal sehen, wie sie werden.
Ob stark, ob schwach,
ich werde sie mögen.

Gott machte Menschen, Männer und Frauen, Große und Kleine, Ernste und Lustige,
Schlaue und nicht ganz so Schlaue. Die einen konnten besser hören, die anderen besser sehen,
manche dachten kluge Sachen, andere bauten und gestalteten, hüteten Schafe, pflanzten und ernteten.
Manche dankten Gott und fragten nach ihm. Andere nicht.

Gott aber kennt sie alle beim Namen. Sie sind ihm alle wertvoll, denn sie sind seine Kinder.
Er sieht sich an, was er gemacht hat, und sieht: Es ist sehr gut.

Nur ein ausgedachter Text? Wer kann wissen, was Gott denkt?
In der Bibel steht vieles über Gott geschrieben. Menschen haben es geschrieben,
denen er begegnet ist. Sie glauben, sie haben ihm ins Herz geschaut.

Wo steht, dass Gott die Menschen *wollte*?

Wo steht, dass Gott für die Menschen sorgt?

Wo steht, dass jeder Mensch, so wie er ist, sich auf Gottes Liebe
verlassen darf?

 Findet es selbst heraus. Zur Auswahl stehen drei Psalmen:

Psalm 103, Verse 1 bis 18,
Psalm 139, Verse 1 bis 18 und
Psalm 104 (lang, aber gut!).

– Lest den Psalm mehrere Male laut.
– Lest die Verse laut und leise, je nach Stimmung.
– Lest die Verse im Wechsel.
– Sucht euch ein Bild, ein paar Worte, einen Vers – was euch
  besonders gefällt.
– Gestaltet euren Fund oben in dem Freiraum.

– Was tut Gott in eurem Psalm für die Menschen/für die Welt?

– Was ist das Wunder, das hier besungen wird?

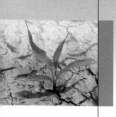

Geschwisterlich

Blind sein – und niemand sieht hin. Bartimäus ist längst daran gewöhnt.
Er ist blind und kann nicht arbeiten wie andere.
Er sitzt am Wegrand und wartet.
Betteln – und niemand gibt. Bartimäus ist auch daran gewöhnt.
Er hat kein Einkommen. Er sitzt und streckt seine Hand aus und hofft.
Rufen – und niemand hört. Bartimäus hat seine Erfahrungen damit.
Er ist nicht stumm. Aber weil er blind ist und bettelt, hört niemand
auf seine Stimme.
Das Rufen um Hilfe kann er sich sparen.

„Wer sagt, er liebt Gott – und handelt lieblos
an seinen Mitmenschen – der ist ein Lügner",

schreibt Johannes, einer der frühesten Lehrer des Christentums.

„Denn wer seinen Mitmenschen, den er sieht, nicht liebt,
wie kann er Gott lieben, den er nicht sieht?"

Liebevoll handeln an den Mitmenschen –
Jesus hat es vorgemacht.

Lest nach, wie Jesus an Bartimäus handelte:
Markus, Kapitel 10, Verse 46–52. Spielt die Szene *stumm* nach:
Gesten und Haltungen sollen mehr sagen als Worte.

Gestalte die Szene, in der Jesus Bartimäus gegenübersteht.
Oder gib wieder, was Bartimäus abends vor dem Schlafengehen denkt ...

Selbstlos

Ein Streit unter den Jüngern Jesu: „Wenn Jesus erst auf dem Königsthron sitzt", sagt der eine, „dann bin ich seine rechte Hand." Die anderen ärgern sich. „Wieso denn *du*? Wieso denn nicht *ich*?" Zwei von ihnen gehen schließlich zu Jesus, als die anderen nicht zuhören. „Tu uns einen Gefallen, Jesus", sagt der eine. „Kannst du uns was versprechen?" – „Was soll ich euch versprechen?", fragt Jesus. „Wenn du auf dem Thron sitzt – dann lass uns beide rechts und links neben dir sitzen."

 Gestalte mit Gold- und Silberfolie, mit Seiden- oder Glanzpapier einen Königsmantel, eine Krone oder den Thron – wie die Jünger es sich vorstellen.

„Ihr wisst nicht, was ihr bittet", sagt Jesus. „Ich werde niemals ein König sein, der sich bedienen lässt. Ich bin ein König, der sich selbst in den Dienst der Menschen stellt. Ich bin für sie da, bis in den Tod."

Wie ernst Jesus es damit meint, zeigt er seinen Jüngern kurz vor seiner Verhaftung.

 Lest selbst: Johannes, Kapitel 13, Verse 4 bis 17.

Kein Thron, kein Mantel, keine Krone für Jesus?
Überlegt gemeinsam ein Gegenbild, das zu Jesus passt.

 Überlegt: Wie fühlt sich der Bediente? Sprecht über das Verhalten des Petrus in der Geschichte von der Fußwaschung.

Barmherzig

Fragt einer: Wer ist mein Nächster?

Antwortet Jesus: ... der deine Liebe am nötigsten hat.

Auch der, den ich nicht mag?

Und was heißt überhaupt: lieben?

Der, der gegen mich ist?

Und wenn er meine Liebe gar nicht will?

Die, die schlecht über mich spricht ...

Ich lass mich auch nicht von jedem lieben ...

Die, die ich nicht kenne ...

Oder der, den ich nicht sehe?

 Bedenke – zunächst nur für dich – die Frage der Nächstenliebe. Male, schreibe oder zeichne, was dir als Erstes dazu einfällt. Erkläre es dann den anderen.

Kurzfilm

Kamera, Totale. Eine Stadt, früh am Morgen.
Kaum Verkehr. Keine Fußgänger.
Kamera, fährt etwas näher. Eine Straße mit Büro-
gebäuden. Einige Läden. Eine Bäckerei.
Auf dem Radweg nähert sich ein einsamer Radfahrer.
Aus der anderen Richtung kommt langsam ein Taxi.
Ein Bäckereiverkäufer stellt ein Werbeplakat
auf den Fußweg.

Kamera, nah bei der Bäckerei. Schwenk und Blick über die Straße. Aus der Perspektive des Bäckerei-
verkäufers: Blick auf die Hecke des Grundstücks gegenüber. Ein dunkles Gebäude.

Kamera, noch näher. Die Hecke, an einer Stelle: eingedrückt. Da liegt etwas wie ein Kleiderbündel.
Kamera schwenkt zurück. Der Bäckereiverkäufer kehrt eilig in den Laden zurück. Das Taxi hält
vor der Bäckerei. Die Taxifahrerin steigt aus. Kauft Brötchen. Kauend zurück auf den Bürgersteig.

Kameraschwenk über die Straße. Die eingedrückte Hecke. Das Kleiderbündel.
Kaputte Turnschuhe an reglosen Beinen. *Kamera schwenkt zurück.* Die Taxifahrerin steigt in ihr Taxi.
Mit quietschenden Reifen davon.

Kamera bleibt stehen. Erwartet den Radfahrer. Nahaufnahme Gesicht. Müde, erschöpft, eilig.
Bremst bei der eingedrückten Hecke. Erschrecken im Gesicht. *Kamera etwas zurück.* Radfahrer springt
vom Rad. Beugt sich über die Hecke. Weicht vor dem Kleiderbündel zurück. Zieht ein Handy hervor.
Kamera, Nahaufnahme „Kleiderbündel". Es hat ein Gesicht und einen Mund, der leise sagt: „..."

 Spielt den Film nach und zu Ende. Vertont ihn auf verschiedene Weisen, z.B. mit einer Kommentarstimme aus dem „Off" (Erzähler, Sprecherin).

 Jesus erzählt eine ähnliche Geschichte:
Lukas, Kapitel 10, Verse 25 bis 36

Berufen

Aus einem Hörspiel über Mutter Teresa

Teresa: Ja, es geschah auf einer Zugfahrt nach Darjeeling. Auf einmal hörte ich die Stimme Gottes. Klar und deutlich, wie nie zuvor. Und sein Auftrag, seine Botschaft war unmissverständlich: Teresa, verlasse das Kloster und die Schule – und lebe mitten unter den Armen. Dort wirst du gebraucht.

Bischof: Haben Sie sich das gut überlegt? Wissen Sie, was das bedeutet: unter den Ärmsten der Armen im Slum leben? Und noch etwas: Sind Sie sich darüber im Klaren, welche Folgen es hat, wenn Sie das Kloster verlassen? Wenn Sie diesen Schritt erst einmal vollzogen haben, dann gibt es für Sie kein Zurück.

Teresa: Ich habe viel Zeit gehabt, darüber nachzudenken. Aber glauben Sie mir: Die Entscheidung, was mich und meine Zukunft betrifft, die ist doch längst schon gefallen. Im Himmel. Ich bin fest davon überzeugt, dass Gott mich zu einem Leben unter den Ärmsten berufen hat.

Bischof: Gottes Wille – was ist Gottes Wille? Selbst ich als Bischof kann ihn nicht sicher erkennen … Ich werde für Sie beten.

Viele kommen von weither, laufen bis zu drei Stunden. Aber in was für einem Zustand sie sind! Ihre Ohren sind mit eitrigen Geschwüren bedeckt; auf ihrem Rücken haben sie Auswüchse und offene Stellen. Viele bleiben zu Hause, weil sie durch das Tropenfieber zu schwach sind, um zu kommen … Kürzlich erst kam ein Mann mit einem Bündel, aus dem etwas herausragte: Erst bei näherem Hinsehen erkannte ich, dass es sich dabei um die abgemagerten Beine eines kleinen Jungen handelte. Er lag bereits im Sterben. Ich nahm den Kleinen in meine Arme und wickelte ihn in meine Schürze. Dabei musste ich immer an die Worte Jesu denken:

Wer ein Kind um meinetwillen aufnimmt, der nimmt mich selbst auf …   Michael Borrée

---

 Schlagt nach oder recherchiert im Internet:

Mutter Teresa

Geburtsname:	Herkunft:
Konfession (ev. oder kath.?):	Berufswahl:

Wie kommt sie nach Indien?

Was will sie in Indien?

Was bringt sie mit?

 Eine Europäerin, Christin, unter Menschen anderer Farbe, Sprache, Religion – Wie kommt sie zurecht? Hinweise findet ihr auf dieser Seite und in den Lebensbildern Mutter Teresas. Der Rest ist eurer Fantasie überlassen … – Entwickelt aus dem Material kleine Spielszenen „Aus dem Leben einer mutigen Frau".

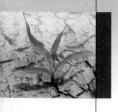

Den Nächsten lieben
wie mich selbst ...

anlächeln   an die Hand nehmen   Brot brechen   begleiten   auf die Schulter klopfen
    Geld spenden   einen Brief schreiben   ja sagen   nein sagen   besuchen   anlächeln
an die Hand nehmen   Brot brechen   begleiten   auf die Schulter klopfen   Geld spenden
    einen Brief schreiben   ja sagen   nein sagen   besuchen   anlächeln   an die Hand nehmen
Brot brechen   begleiten   auf die Schulter klopfen   Geld spenden   einen Brief schreiben
    ja sagen   nein sagen   besuchen   anlächeln   an die Hand nehmen   Brot brechen
begleiten   auf die Schulter klopfen   Geld spenden   einen Brief schreiben   ja sagen
    nein sagen   besuchen   anlächeln   an die Hand nehmen   Brot brechen   begleiten
auf die Schulter klopfen   Geld spenden   einen Brief schreiben   ja sagen   nein sagen
    besuchen   anlächeln   an die Hand nehmen   Brot brechen   begleiten   auf die Schulter
klopfen   Geld spenden   einen Brief schreiben   ja sagen   nein sagen   besuchen
    anlächeln   an die Hand nehmen   Brot brechen   begleiten   auf die Schulter klopfen
Geld spenden   einen Brief schreiben   ja sagen   nein sagen   besuchen   anlächeln
    an die Hand nehmen   Brot brechen   begleiten   auf die Schulter klopfen   Geld spenden
einen Brief schreiben   ja sagen   nein sagen   besuchen   anlächeln   an die Hand nehmen
    Brot brechen   begleiten   auf die Schulter klopfen   Geld spenden   einen Brief schreiben
ja sagen   nein sagen   besuchen   anlächeln   an die Hand nehmen   Brot brechen
    begleiten   auf die Schulter klopfen   Geld spenden   einen Brief schreiben   ja sagen
nein sagen   besuchen   anlächeln   an die Hand nehmen   Brot brechen   begleiten
    auf die Schulter klopfen   Geld spenden   einen Brief schreiben   ja sagen   nein sagen
besuchen   anlächeln   an die Hand nehmen   Brot brechen   begleiten   auf die Schulter
klopfen   Geld spenden   einen Brief schreiben   ja sagen   nein sagen   besuchen
    anlächeln   an die Hand nehmen   Brot brechen   begleiten   auf die Schulter klopfen
Geld spenden   einen Brief schreiben   ja sagen   nein sagen   besuchen   anlächeln
    an die Hand nehmen   Brot brechen   begleiten   auf die Schulter klopfen   Geld spenden
einen Brief schreiben   ja sagen   nein sagen   besuchen   anlächeln   an die Hand nehmen
    Brot brechen   begleiten   auf die Schulter klopfen   Geld spenden   einen Brief schreiben

Hier kannst du eintragen, was es für dich heute bedeuten kann,
deinen Nächsten zu lieben wie dich selbst.

Feiern,
weil Gott uns liebt

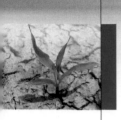

Ein richtig gutes Fest

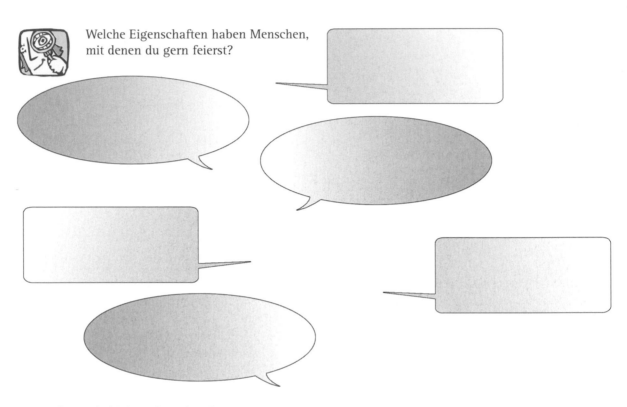

Welche Eigenschaften haben Menschen, mit denen du gern feierst?

Wann feierst du? Wer gehört dazu?

Anlass	Wer gehört dazu?

Wenn man etwas sehr Schönes erlebt, dann kribbelt es manchmal:

Wann bekommst du eine „Feierlichkeits-Gänsehaut"?

Wenn ...

Wenn ...

Wenn ...

Am Wochenende muss ich weg von zu Hause: Ich treffe mich immer mit meinen Freunden. Egal wo. Wir machen auch gar nicht viel. Entspannen. Musik, was trinken. Einfach feiern.

Julia, 15 Jahre

Gottesdienst –
Fest des Lebens

„Gänsehaut-Momente" im Gottesdienst

Ina: Wisst ihr, wo ich neulich eine „Feierlichkeits-Gänsehaut"
bekommen habe?
Nadine: Klar, bei dem Konzert, als all die Wunderkerzen brannten und
die Feuerzeuge.
Marcus: Oder im Stadion, als das entscheidende Tor fiel ...
Ina: Nein, sondern Sonntag in der Kirche, als ...

... das Licht durch die bunten Fenster fiel.
... die Orgel plötzlich so richtig losdonnerte.
... die Pastorin für die Verstorbenen betete.
... wir gesegnet wurden.
... mein kleiner Bruder getauft wurde.

Tut euch zu zweit oder zu dritt zusammen und sucht euch einen
der Vorschläge aus.
Führt das Gespräch der drei Jugendlichen weiter.

„Gottesdienst ist Sonntag um 10" – Stimmt das?

Im Schaukasten der Gemeinden sind oft andere und besondere Gottesdienste angezeigt.
Suche oder gestalte den Schaukasten einer sehr aktiven Gemeinde, die viele verschiedene Menschen
einladen will:

Gottesdienst – Mehr als ein Fest

„Gottesdienst und Fest ... –
das bekomme ich nicht zusammen.
Da ist es ja so still.
Und außerdem wird ziemlich viel geredet ...“

Patrick, 14 Jahre

Stille

Anna (18): Einmal in der Woche sollte jeder Mensch sich einen ruhigen Platz suchen, um über das Wesentliche auf der Welt nachzudenken. Einmal in der Woche sollte man tief in sich hineinhören – dann kann man vielleicht viele schlimme Dinge verhindern. Oder versuchen, alles besser zu machen. Meine beste Freundin setzt sich zum Nachdenken immer in die S-Bahn und fährt kreuz und quer durch die Stadt. ... Andere schleichen sich auf den Dachboden, setzen sich spät abends auf Kinderspielplätze oder gehen mit ihrem Hund einen ganzen Nachmittag lang im Wald spazieren. Alles nicht schlecht. Ich finde aber, meine Methode, mit sich und der Welt ins Reine zu kommen, ist immer noch die beste: sonntags in die Kirche gehen.

Worte

Ein wichtiger Bestandteil von Gottesdiensten sind Worte: In Gebeten, in den Liedern, in der Predigt. Stell dir vor: Du steigst einmal auf die Kanzel und predigst. Du kannst der Gemeinde sagen, was du denkst: über Gott und die Welt. Schreibe es auf:

Überlegt, was ihr Patrick antworten könntet.

Informiere dich, welche Gottesdienstformen es in deiner Gemeinde gibt. Nutze dazu alle Möglichkeiten.

Gottesdienst – Lebensnah

Einander begegnen

Anne und Marie treffen sich auf der Straße.

163

    Anne:

    Marie:

Anne merkt, dass Marie eine neue Haarfarbe hat ...

    Anne:

    Marie:

Marie muss weiter.

    Marie:

    Anne:

Lilli holt Lisa ab. Lisas Mutter öffnet die Tür.

    Lilli:

    Lisas Mutter:

Lisa ruft zur Tür, dass sie gleich kommt.

    Lisas Mutter:

    Lilli:

Lisa kommt. Die Mädchen wollen gehen.

    Lilli (zu Lisas Mutter):

    Lisas Mutter:

Paul geht jeden Morgen vor dem Frühstück zum Bäcker an der Ecke. Auch heute.

    Paul:

    Bäcker:

Paul ist an der Reihe.

    Bäcker:

    Paul:

Paul ist fertig.

    Paul:

    Bäcker:

 Spielt diese alltäglichen Begegnungen. Was ist immer gleich oder ähnlich?

Ablauf eines Gottesdienstes

Die Gemeinde wird begrüßt. Gott wird angerufen.

Die Gemeinde hört Gottes Wort und antwortet mit ihrem Bekenntnis.

Die Gemeinde bittet um Gottes Begleitung und erhält Gottes Segen.

 Vergleiche den Gottesdienstablauf mit den Alltagsszenen – In einem Satz: Was fällt dir auf?

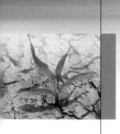

Gottesdienst erleben

Ein achtsamer Gottesdienstbesuch

Es ist _____ Uhr. Ich komme an.

☐ Es sind schon da: _____

☐ Ich setze mich ... _____

☐ Ich höre ... _____

☐ Ich sehe ... _____

☐ Ich denke ... _____

Es geht los.

☐ Die Orgel ... _____

☐ Ich ... _____

☐ P. ... _____

☐ Wir ... _____

☐ Ich ... _____

☐ Ein Mann ... _____

☐ Eine Frau ... _____

☐ K. ... _____

Es ist _____ Uhr. Wir sind fertig.

☐ Ich ... _____

☐ P. ... _____

☐ Andere ... _____

P. = Pastor/in oder Pfarrer/in
K.= Küster/in, Kirchendiener/in, Messner/in

Stichworte

Gebet _____

_____

_____

Lied _____

_____

_____

Lesung _____

_____

_____

Predigt _____

_____

_____

 Hier kannst du wichtige Worte festhalten, die dir in den Teilen des Gottesdienstes aufgefallen sind.

 Nimm dieses Protokoll mit in den nächsten Gottesdienst und halte fest, wer wann was tut, was dir auffällt und was geschieht – auch scheinbar Nebensächliches. Wird irgendwann gelacht? Wann wird es besonders feierlich? Ist ein kleines Kind im Gottesdienst?

 Was steht in Markus, Kapitel 14, Verse 12–25 und in der Apostelgeschichte, Kapitel 2, Verse 37–47, über den Gottesdienst?

 Wo findet sich die Gottesdienstordnung im Gesangbuch? Schlag nach!

Gottesdienstraum erleben

Die Kirche – ein besonderer Ort

Ein Kirchengebäude, innen und außen, ist als Haus Gottes erbaut und
lädt zur Begegnung mit Gott ein. Wenn du dir Zeit nimmst und Acht gibst,
kannst du an deiner Kirche allerhand Entdeckungen machen.
Geh (allein oder geht zu zweit) folgende Wege:

Geh von außen um die Kirche
herum – ganz in Ruhe.
Vergleiche den Grundriss
von Kapitel 3 mit deinen Beob-
achtungen.
Hast du Neues entdeckt?

Geh langsam durch die Kirche,
ohne zu sprechen. Setz dich
an einen Ort, den du besonders
schön findest. Lass dir Zeit
für deine Entscheidung. Bleib
da sitzen, auch eine Minute mit
geschlossenen Augen.
Was ist an diesem Ort
besonders? Was hörst du?
Was riechst du?

Die Kanzel ist der Ort,
von dem gepredigt wird. Meistens geht die Pfarrerin oder der
Pfarrer auf die Kanzel.
Heute ist das anders. Du bist
dran: Lies z.B. ein Bibelwort
von dort oben laut vor.
Oder das, was du auf S. 52
aufgeschrieben hast.
Was hast du für ein Gefühl
dabei? Können dich alle hören?

Geh ans Taufbecken.
Vielleicht wurdest du hier an
diesem Becken selbst getauft?
Kennst du deinen Taufspruch?
(Wenn nicht – finde ihn
heraus!) Du kannst ihn hier
laut sprechen.

Du verlässt den Raum: Bevor du hinausgehst, schau dich noch einmal um:
Was ist dir besonders aufgefallen?

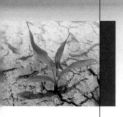

Dem Gottesdienst Raum geben

Tag des Herrn

... am dritten Tage auferstanden von den Toten – so heißt es über Jesus Christus im Glaubensbekenntnis. Der Tag der Auferstehung ist der Sonntag – Grund genug, dass Christen den Sonntag als Tag des Herrn begehen, als Feiertag und als Beginn der neuen Woche. Am Sonntag machen Christen bestimmte Dinge nicht – und haben dafür Zeit für anderes.
Jeder Sonntag ist ein kleiner Ostersonntag. In der russischen Sprache ist das besonders gut nachzuvollziehen. Sonntag heißt auf Russisch **Воскресенье** (*sprich: woskresenje*) – und bedeutet zugleich „Auferstehung".

Auch Juden und Muslime haben einen bestimmten Tag in der Woche, der dem Gottesdienst vorbehalten ist: Juden den Samstag – Sabbat –, Muslime den Freitag.

In Jerusalem, der Stadt, die Juden, Christen und Muslimen heilig ist, kann man an allen sieben Tagen der Woche einkaufen. Wie kommt das?

134

Du sollst den **Feiertag** heiligen.

Bibel, das dritte Gebot

„Ohne Sonntag gibt's nur noch Werktage" – So heißt eine kirchliche Kampagne zur Bewahrung der Sonntagsruhe. Gestaltet den Freiraum – oder besser: ein Plakat – für diese Kampagne – rings um das 3. Gebot.

Das Ziel des Feierns

Die heilige Gabe des Festes

Ein Rentierjäger, der allein mit seinen Eltern im Gebirge wohnte, hatte
sich eines Tages verlaufen. Nach langem Umherirren fand er einen scheinbar
verlassenen Adlerhorst. Wie er sich aber gerade über das Nest beugte und
drei piepsende junge Adler erspähte, kehrten die Alten mit wütendem Geschrei
zurück und begannen auf ihn einzuhacken.
„Kinderdieb!", schrie die Adlermutter.
„Nesträuber!", schrie der Adlervater.
„Aber ich wollte doch nur ...", begann der Rentierjäger.
„Kinderdieb!", schrie jedoch unentwegt die aufgebrachte Adlermutter.
„Sterben musst du!"
„Nesträuber!", schrie der Adlervater. „Vom Felsen sollst du stürzen."
„Ich habe mich verlaufen", brachte da der Jäger hervor, „nur verlaufen!
Und wenn man stundenlang und ganz allein durch die Wildnis geirrt ist,
freut man sich über jedes Lebenszeichen, auch wenn es nur ein ...
auch wenn es nur ein ..." – und er schluckte.
„Auch wenn es nur ein Tier ist", ergänzte die Adlermutter, nun aber schon
etwas sanfter gestimmt.
„Ihr Menschen seid immer allein", sagte der Adlervater, „denn ihr habt die
Gabe des Festes noch nicht empfangen. Wir werden dich lehren zu feiern.
Wenn du alles gelernt hast und uns auch einlädst, wollen wir dich ziehen
lassen und dein Eindringen vergessen."

Und der junge Mann lernte alles, was nötig ist, um ein Fest zu feiern:
Lieder zu erfinden und vorzutragen, die Flöte zu spielen und die Trommel
zu schlagen, vor Freude zu tanzen und eine Festhütte zu bauen.
„Nun geh, trage viel Speise zusammen und lade die anderen Menschen ein",
sagte die Adlermutter zum Abschied.
„Aber es gibt doch gar keine anderen Menschen hier", erwiderte der Jäger.
Doch die Alte meinte nur: „Sie werden schon kommen, wenn es ein Fest
gibt und jeder willkommen ist. Dafür will ich sorgen. Gehe du jetzt und bereite
alles vor."

Dann flog ihn der alte Adler nach Hause zurück. Und tatsächlich, zur fest-
gesetzten Zeit, als alles vorbereitet war, trafen auch die Gäste ein. Paarweise
kamen sie, in Fuchs-, Wolf- und Vielfraßfelle gehüllt. Und sie erzählten
lustige Geschichten, sangen und heulten schaurige Balladen und fraßen die
Tische leer, dass es nur so eine Freude war – kurzum, es wurde ein großartiges
Fest. Erst als sie sich spät nach Mitternacht verabschiedeten, merkten der
Jäger und seine Eltern, dass ihre Gäste Tiere waren.
„So gewaltig ist die Macht des Festes, dass Tiere zu Menschen werden und
wir Alten wieder jung", raunte die Adlermutter, tauschte einen viel sagenden
Blick mit den Eltern des Jägers und flog davon.

Siegfried Macht

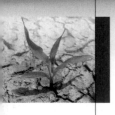

Willkommen

Eine Begegnung mit Gott feiern

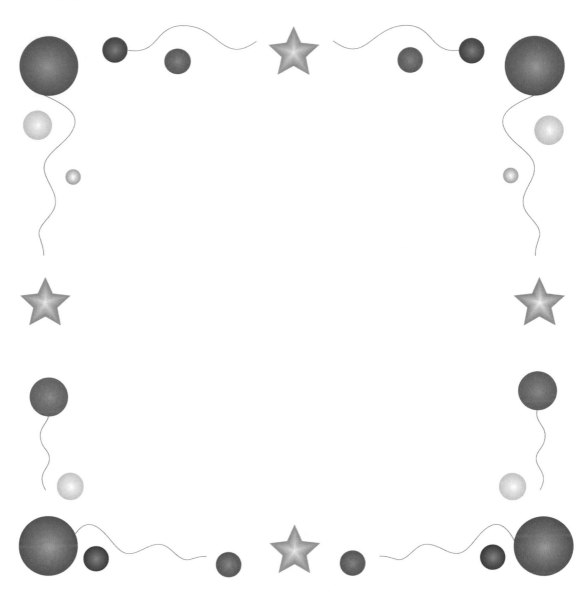

 Hier kannst du eine Einladungskarte gestalten,
die Lust macht auf ein Fest des Lebens.

Mitgehen, wenn jemand leidet

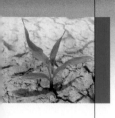

... da kommen mir die Tränen

Mach den Test: Wie nahe geht es dir, wenn ...

	überhaupt nicht nah	ziemlich nah	sehr nah
1. du eine schlechte Note bekommst?			
2. du sitzen bleibst?			
3. du eine schmerzhafte Krankheit hast?			
4. du gemobbt wirst?			
5. deine Eltern sich trennen?			
6. du durch einen Unfall kein normales Leben mehr führen kannst?			
7. dein/e Lehrer/in am Rande des Nervenzusammenbruchs ist?			
8. du Menschen im Rollstuhl siehst, die auf die Hilfe anderer angewiesen sind?			
9. du im Fernsehen Bilder von Terroranschlägen siehst?			
10. dir ein/e Freund/in von Ärger mit den Eltern erzählt?			
11. über deine/n beste/n Freund/in gelästert wird?			
12. sich ein/e Freund/in von dir das Leben nehmen will?			

 Vergleiche deine Antworten auf die Fragen 1–6 mit denen auf die Fragen 7–12. Fällt dir etwas auf? Nimm eine andere Farbe und mache den Test noch einmal; schlüpfe dabei in die Haut deiner besten Freundin/deines besten Freundes.

 Heulsuse – cooler Typ – Holzklotz: Wo sind die Grenzen, wo die Gefahren? Sprecht darüber.

 Was für ein „Typ" bist du? Lass dir deine Antworten von jemandem kommentieren, der dich gut kennt:

Schmerzen betäuben

Selbstverletzerin. Ein Interview

Susanne, du bist eine so genannte Ritzerin. Wie sieht das konkret bei dir aus?
konkret sieht das so aus, dass ich mich, wenn es mir schlecht geht, ich schlimme erinnerungen oder gefühle habe, angstzustände erlebe oder unter starkem stress stehe, selber verletze. meistens durch schneiden mit rasierklingen, aber auch schlagen bis hin zu blutergüssen, haut abkratzen, verbrennen, verbrühen oder durch einnehmen einer (nicht lebensgefährlichen) überdosis tabletten. die verletzungen sind unterschiedlich schwer. von den meisten schnittwunden bleiben nicht einmal narben ...

Wie hast du damit angefangen? War das eine besondere Zeit?
ich war 11, als ich anfing mir selber leichte verletzungen zuzufügen. damals hatte ich probleme in der schule ... und ständig streit mit meinen eltern. und vor allem kam ich nicht mit dem tod meines bruders klar, der kurze zeit vorher gestorben war.

Hast du schon mit jemand darüber geredet oder irgendwo Hilfe gesucht?
ja. ich war 1 1/2 jahre in therapie und habe dadurch einiges erreicht. allerdings kann ich immer noch nicht ganz ohne selbstverletzung leben. im moment gehe ich zu einer jugendberatungsstelle, bei der ich erziehungsbeistand bekomme und über meine probleme reden kann.

Was spielt sich in deinem Kopf ab, wenn du ritzt? Was willst du damit ausdrücken oder erreichen?
ich erreiche durch die selbstverletzung ruhe und entspannung. ängste verschwinden, druck wird abgebaut, schlimme erinnerungen und gefühle werden erträglicher. ich nehme in dem moment nichts anderes wahr als die ruhe, die sich in mir ausbreitet, denke an nichts.

Ritzen bzw. selbstverletzendes Verhalten ist heute häufiger als Essstörungen. Nach Meinung von Experten ritzt etwa ein Prozent der Bevölkerung, Frauen häufiger als Männer.

„Aber das tut doch **weh**!", sagt Majas Oma verständnislos, als sie das Interview liest. „Sie **braucht das**", widerspricht Maja.

Führt das Gespräch – zu zweit – ein Stück weiter. Kann Maja ihrer Großmutter erklären, was in Susanne vorgeht? Tragt das Ergebnis eures Gesprächs hier ein:

Also ...

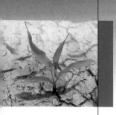

Leid „wegschießen"?

Egoshooter

Klaus ist kein Typ, der viel redet, jedenfalls nicht mehr seit dem plötzlichen Tod seines Vaters. Schon gar nicht mit seiner Mutter. Aber er hat auch keinen richtigen Freund. Irgendwie strengen ihn die andern nur an. Und bei Frauen hat er eh keine Chance mit seinem verpickelten Gesicht. Manchmal trifft er sich mit Frank und sie tauschen die neuesten Computerspiele aus. Meistens sitzt Klaus allein vor seinem PC und bahnt sich mit irgendeiner großkalibrigen Waffe vor der Nase seinen Weg durch ein gut gemachtes unterirdisches Labyrinth. Seiner Mutter ist das egal, sie muss den Tag über arbeiten und entspannt sich abends vor dem Fernseher. Und so genau weiß sie auch nicht, was Klaus da spielt.

Manchmal ertappt Klaus sich in der Schule dabei, wie er in Gedanken die Stelle übt, wo immer das fiese Monster um die Ecke kommt. Eine echte Waffe würde Klaus wohl nie benutzen. Aber manchmal hat er schon darüber nachgedacht, wie das wäre – jetzt hier, in seinem Klassenzimmer. Wenn ihn mal wieder einer dumm anmacht. Schneller als die anderen wäre er auf jeden Fall ... Aber dann reißt ihn die scharfe Stimme der Lehrerin aus seinen Gedanken und er merkt, dass er statt einer Waffe nur den Stift in der Hand hält.

 Susannes Leid – Klaus' Leid: Schreibe zu den Bildern, worunter die beiden Jugendlichen leiden. Finde ein drittes „Leid-Bild" und gib dazu eine kurze Erklärung.

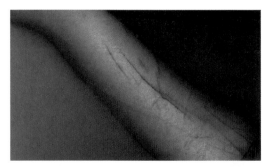

 www.bzga.de
Seelsorge per Internet www.telefonseelsorge.org oder
telefonisch 0800-1110 111 und 0800-1110 222

Hiob – Keiner leidet wie er

Hiob war einer, dem es so richtig gut ging: zehn gesunde Kinder; Tiere, mehr als man in einem Leben essen kann, und Geld im Überfluss.
Und dieser Hiob erlebte, was man seinem schlimmsten Feind nicht wünscht. Bei einem Raubüberfall verlor er seinen ganzen Besitz. Bei einem schrecklichen Unglück kamen alle seine Kinder ums Leben. Dann wurde er schwer krank und bekam Geschwüre am ganzen Körper. In Anbetracht dessen stellte seine Frau den Glauben an Gott in Frage: „Hältst du noch fest an deiner Frömmigkeit? Sage Gott ab und stirb!" Nun sitzt er da, ein Häuflein Elend, als Zeichen der Trauer mit Asche bedeckt, und ritzt sich mit Scherben die entstellte Haut.

Hiobs Klage (Ausschnitte)

Versunken und vergessen soll er sein, der Tag, an dem ich einst geboren wurde, und auch die Nacht, die sah, wie man mich zeugte!

87

Wär ich doch gleich bei der Geburt gestorben oder, noch besser, schon im Leib der Mutter! Warum hat sie mich auf den Schoß genommen und mich an ihren Brüsten trinken lassen? Ich läge jetzt ganz still in meinem Grab, ich hätte meine Ruhe, könnte schlafen.

Wohin mein Leben führt, ist mir verborgen, mit einem Zaun hält Gott mich eingeschlossen.

Nur unter Stöhnen esse ich mein Brot,
mein Klagen hört nicht auf, es fließt wie Wasser.

Hab ich vor etwas Angst, so trifft es mich.
Wovor ich zittere, das kommt bestimmt.

Ich habe keinen Frieden, keine Ruhe, nur Plage über Plage fällt mich an.

 Hiobs Klage umfasst in der Bibel ein ganzes Kapitel (Hiob 3) – hier sind nur einzelne Stücke herausgenommen. Versetze dich in Hiobs Lage und schreibe in den Freiräumen weiter.

 Lest euch gegenseitig eure Klagen vor und sprecht darüber, wie sie wirken.

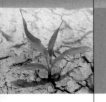

Jesus leidet unter und mit den Menschen

Kreuzweg

Jesus am Kreuz – ein leidender Mensch ist das Zentrum des christlichen Glaubens.
Jesus leidet unter dem, was Menschen ihm antun.
Eine alte Form, den Leidensweg Jesu zu bedenken und mitzugehen, ist der Kreuzweg. Menschen haben zu allen Zeiten ihr Schicksal in den Leiden Jesu erkannt.
Das hat ihnen Mut und Kraft gegeben.
Ein Kreuzweg hat meistens vierzehn Stationen.
Hier sind sechs Stationen aufgeführt.

 Lies die angegebene Stelle in der Bibel und gestalte dazu den Freiraum mit Situationen aus der Gegenwart, aus deinem Alltag. Du kannst zeichnen, schreiben, kleben usw.

Es geht um Verrat, körperliche Gewalt, Spott, Angst und Verlassenheit.

Jesus wird von einem engen Vertrauten verraten.   *Markus, Kapitel 14, Verse 10–11.43–46*

Jesus wird zu Unrecht zum Tod verurteilt.   *Markus, Kapitel 15, Verse 1–15*

Jesus soll mit falschen Aussagen unter Druck gesetzt werden   *Markus, Kapitel 14, Verse 53–59*

Jesus wird körperliche Gewalt angetan.   *Markus, Kapitel 15, Vers 15*

⌐   ¬

└   ┘

Jesus wird verspottet.   *Markus, Kapitel 15, Verse 16–20.29–32*

⌐   ¬

└   ┘

Jesus stirbt einen qualvollen Tod.   *Markus, Kapitel 15, Verse 34–36*

⌐   ¬

└   ┘

 Markus, Kapitel 15; Johannes, Kapitel 18–19

 An einem Wallfahrtsort liegen unter einem Kreuz viele Klagezettel. Überlege, warum Menschen glauben, dass ihre Klagen bei Jesus besonders gut aufgehoben sind. Finde – zusammen mit einem Partner, einer Partnerin oder in der Gruppe – einen Satzschluss, der für alle Klagen passen würde:

Ich habe Schmerzen, Jesus, ich bringe sie zu dir,
denn du ...   _____

Ich bin so allein, Jesus, ich sage es dir, denn du ...   _____

Mein bester Freund ließ mich im Stich.
Du weißt, wie ich mich fühle, denn du ...   _____

Ich bin krank, Jesus, ich klage vor dir mein Leid,
denn du ...   _____

Was, wenn ich sterben muss ...?
Jesus, antworte mir, denn du ...   _____

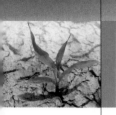

Billiger Trost?

Was man so sagt...

Leidende Menschen zu trösten ist gar nicht so einfach.
Wer trösten will, muss sich in andere hineinversetzen.
Oft wird schnell etwas dahingesagt – aber hilft es auch?

Hier sind einige Trostworte, die immer wieder zu hören sind.

Alles wird wieder gut.   Kopf hoch, das wird schon wieder.

_____   _____

Die Zeit heilt Wunden.   Warum soll es dir besser gehen als anderen.

_____   _____

Gib Widerworte – schreibe auf, was der Leidende entgegnen könnte.

Trostworte der Bibel

Eine allein erziehende 35-jährige Frau, arbeitslos, der Sohn ist gerade einge-
schult worden, bekommt auf ihre zahlreichen Bewerbungen endlich eine
Einladung zu einem Vorstellungsgespräch. Als sie den Brief öffnet, fällt ihr
der Satz ein, den sie aus ihrer Konfirmandenzeit kannte und den sie sich
in den vergangenen drei Jahren, wenn sie der Mut verlassen wollte, immer
wieder vorgesagt hat:

**„Und ob ich schon wanderte im finsteren Tal,
fürchte ich kein Unglück, denn du bist bei mir."**

Was ist deiner Meinung nach der Unterschied zwischen diesem Wort aus
Psalm 23 und einem Satz wie „Kopf hoch, das wird schon wieder"?

Bibelworte, die schon viele Menschen getröstet haben, sind in den meisten Bibelausgaben
fett gedruckt. Blättere deine Bibel, insbesondere das Buch der Psalmen, durch und
suche eine solche Stelle heraus, die dich anspricht. Schreibe sie ab und gib an, wem sie
unter welchen Umständen Trost geben könnte.

Für _____, wenn _____

Trost spenden – praktisch

Ein Konfirmandenprojekt

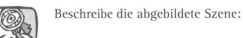
Beschreibe die abgebildete Szene:

Ort: _____

Personen: _____

Anlass: _____

Ein Blick „in die Köpfe"
(1: die alte Dame; 2: der Junge)

Stellt euch vor, ihr begleitet die Frau rechts im Bild. Worüber wollt ihr mit ihr reden, was möchtet ihr gern von ihr wissen? Erfindet zu zweit einen kleinen Dialog:

Einen Besuch der Konfirmandengruppe im Altenheim könntet ihr auch planen. Worauf müsstet ihr achten? Füllt die „Denkzettel" aus.

23

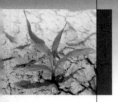

Leid und Mitleid

Bevor ich weitergehe ...

Du bist verschiedenen Menschen begegnet. Vielleicht ist manches dir unter
die Haut gegangen, anderes hat dich weniger berührt oder auch kalt gelassen.
Was möchtest du ihnen mit auf den Weg geben?

Hoffen,
dass da noch mehr ist

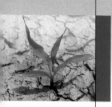

Tod

Was weißt du über das Sterben und den Tod?

Wie lange lebt ein Mensch im Durchschnitt?

Woran sterben bei uns die meisten Menschen?

Woher weiß man, dass ein Mensch tot ist?

Was passiert, wenn ein Arzt den Tod festgestellt hat?

Wo sterben Leute heute und wie war das früher?

Angenommen, du wüsstest, du hast nur noch
ein Jahr zu leben..., was würdest du in diesen zwölf
Monaten tun?

„Der Tod ist die Tür zu einer neuen Welt..." –
Was heißt das für dich?

Eine Traueranzeige, die mich bewegt

 Klebe eine Todesanzeige (Tageszeitung) in den Freiraum.

Tod und was dann?

Wenn Menschen an den Tod denken ...

Menschen sagen:

Tod ist wie ein tiefer Schlaf.

Der Tod ist ein großer Gleichmacher.

Nichts ist sicher – außer dem Tod.

Menschen fragen:

Was kommt nach dem Tod?

Gibt es eine Hölle?

Ist man im Himmel glücklich?

Menschen fürchten:

Ich muss in der Hölle für meine Sünden büßen.

Nach dem Tod zerfalle ich zu Staub.

Wenn ich tot bin, wird man mich vergessen.

Menschen hoffen:

Im Himmel ist alles besser.

Im Himmel treffe ich meine Angehörigen wieder.

Ich werde leben wie die Engel.

Ich werde wiedergeboren.

 Was sagst du? Fülle den Raum mit Stichworten oder Bildern, die dir zu Tod und Sterben einfallen.

 Geht auf den Friedhof. Die Aufschriften auf den Grabsteinen verraten viel über die Hoffnungen und Ängste der Menschen im Hinblick auf den Tod. Schreibt „starke Worte" ab, sprecht darüber und einigt euch auf einen „Lieblingsspruch" eurer Gruppe:

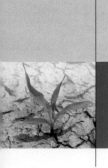

Ruhe in Frieden

Die Toten wollen ...

Eine junge Frau ging auf den Friedhof, um das Grab ihrer Eltern zu pflegen. Die drei Kinder, die sie bei sich hatte, langweilten sich. Sie liefen zwischen den Gräbern herum und nach einer Weile spielten sie sogar Fangen. Sie riefen und lachten. Eine alte Frau, die in der Nähe am Grab ihres Mannes saß, richtete sich auf und wandte sich an die junge Mutter ...

Warum muss ...

Eine Sechzehnjährige ist gestorben. Zur Trauerfeier kommen ihre Freunde und Klassenkameraden. Sie tragen helle Farben und haben den Pfarrer gebeten, selbst etwas zum Gottesdienst beitragen zu dürfen. Sie erzählen kurze Begebenheiten aus dem Leben der Toten, Ernstes, aber auch Lustiges. Sie spielen einen Popsong ab und am Ende bestreuen sie den Sarg mit Smarties und Gummibärchen. „Sie soll doch Freude an ihrer Abschiedsparty haben", sagt eine Freundin am Ende. Eine Nachbarin der trauernden Familie erzählt anschließend ihrem Mann von der ungewöhnlichen Beerdigung ...

Glaubst du denn, ...

Der Mann einer schon recht alten, gehbehinderten Frau ist gestorben. Ihre Rente ist klein, sie hat keine Ersparnisse. Alles Geld ist in den letzten Jahren für Arznei und Pflege verbraucht worden. Sie wohnt nahe am Friedhof und alle erwarten, dass sie ihren Mann dort beerdigen lassen wird. „Dann kannst du ihn täglich besuchen", sagt ihre Freundin. Umso mehr staunen die Bekannten, als die Frau erzählt, sie würde den Toten in seine frühere Heimat überführen lassen. Dort gäbe es einen Hügel, von wo aus man einen wunderbaren Blick über das weite Land habe. Ihr Mann hätte sich immer gewünscht, dort zu liegen ... „Aber er sieht doch nichts mehr", sagt die Freundin. Und die Bekannten raten ab wegen der Kosten. Dann reist die einzige Tochter an und redet der Frau ins Gewissen ...

 Lest die drei Szenen. Einigt euch auf passende Überschriften (die Anfänge stehen schon da).

 Sucht zu zweit eine der Szenen aus und führt das Gespräch, das sich anschließt.

 Schreibe zu einer der Szenen kurz deine Meinung. Vergleiche mit anderen.

Ich finde, ...

Tod und Ewigkeit

Gut aufgehoben

Tabea kommt nachdenklich aus der Kirche nach Hause.
„Hör dir das an", sagt sie zu ihrem Vater. „Da wurde ein Spruch vorgelesen..."

> Leben wir, so leben wir dem Herrn.
> Sterben wir, so sterben wir dem Herrn.
> Darum: wir leben oder sterben,
> so sind wir des Herrn.

Paulus

„Ich meine", sagt Tabea. „Ich habe immer Angst vor dem Sterben: was da mit mir passiert und ob ich da in ein schwarzes Loch falle ... – Aber wenn ich mir vorstellen kann, dass der Herr, also Gott – zu dem wir ja auch Vater sagen –, also dass der auf mich aufpasst, egal ob ich lebe oder sterbe ... dann kann es doch gar nicht so schlimm sein, oder?"

Sprüche über Sterben und Tod – davon finden sich in der Bibel noch viele. Aber es kommt auf den Einzelnen an, welcher Spruch ihn oder sie gerade besonders anspricht.

 Schlage nach und entscheide dich für deinen Trostspruch gegen Todesangst:

Zum Beispiel:
Aus Psalm 139 | Aus Psalm 23 | Aus Johannes 11 | Aus Markus, Kapitel 5, Verse 35–42

145

 Zeigt euch gegenseitig eure Sprüche und begründet eure Auswahl.

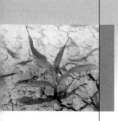

Er ist wahrhaftig auferstanden

Niemand, der lebt, kann wissen, was nach dem Tod wirklich geschieht. Die Autoren der Bibel waren ehrlich genug, uns diesbezüglich nichts vorzumachen. Es gibt kaum Ausmalungen von Freuden oder Leiden in Himmel oder Hölle, sondern beinahe ausschließlich die Zuversicht: *Was auch geschieht – wir sind nicht verloren.*

Auch Jesus hat zu seinen Lebzeiten das „Leben nach dem Tod" nicht ausgemalt. Umso verblüffender ist der Ruf der Osterfreude:

Der Herr ist auferstanden.
Er ist wahrhaftig auferstanden.

Was ist da geschehen? Wie kann man es verstehen und deuten?

Fragt im Bekanntenkreis: Warum feiern wir Ostern? Was bedeutet die Auferstehung?

Vergleicht die Antworten, die ihr erhaltet, miteinander.

Vergleicht diese Antworten mit
– Markus, Kapitel 16: Die Frauen am offenen Grab
– Lukas, Kapitel 24, Verse 13–35: Die Emmausjünger
– Johannes, Kapitel 20, Verse 24–29: Der ungläubige Thomas

Bildet „Expertengruppen", je eine für jede der drei Bibelstellen. Überlegt, wie ihr den anderen das Besondere an Jesu Auferstehung verdeutlichen wollt. Schreibt dazu den wichtigsten Satz oder die wichtigsten Worte eurer Stelle in das Ei*.

Warum ist das Ei ein Zeichen für Leben?

Jesus – Herr über Leben und Tod

Ich glaube an den Heiligen Geist,
die heilige christliche Kirche,
Gemeinschaft der Heiligen,
Vergebung der Sünden,
Auferstehung der Toten
und das ewige Leben.

„Warum hast du den Mund zugemacht, als wir an dieser Stelle vom Glaubensbekenntnis angekommen sind?"

„Also, um ehrlich zu sein ... Auferstehung der Toten, ewiges Leben ... das ist mir eine Nummer zu groß."

Paulus schreibt der Christengemeinde in Korinth: „... wie sagen einige unter euch: Es gibt keine Auferstehung der Toten? Gibt es keine Auferstehung der Toten, so ist auch Christus nicht auferstanden. Ist aber Christus nicht auferstanden, so ist ... euer Glaube vergeblich."

Paulus will damit sagen: Jesus ist nur deshalb ein verlässlicher Retter, weil er den Tod selbst kennen gelernt und überwunden hat. Weil er aber den Tod überwunden hat, hat er auch die Macht, andere Menschen vom Tod zu befreien.

Die Evangelien berichten: Auch der Mensch Jesus ließ bereits ahnen, dass er Macht haben würde, den Tod zu besiegen. Im Johannesevangelium heißt es, Jesu Freund Lazarus sei schon vier Tage tot gewesen, als Jesus in sein Haus kam. Er war in einer Grabkammer bestattet worden – und der Leichnam habe schon „gestunken". Jesus aber sei hingegangen, habe Gott um Hilfe gebeten und den Toten aus dem Grab gerufen.

Zuvor sagte Jesus zu der Schwester des Toten, Marta:

Ich bin die Auferstehung und das Leben.
Wer an mich glaubt, der wird leben,
auch wenn er stirbt.
Und wer da lebt und glaubt,
der wird nimmermehr sterben. *Johannes, Kapitel 11, Verse 25 und 26*

 Leben und Tod bedeuten in zeichenhafter Sprache viel mehr als den biologischen Unterschied zwischen Herzschlag und Herzstillstand. Gestaltet dazu (zu zweit oder dritt) eine kurze Andacht.

 Warum erzählt Johannes solche Einzelheiten:

– Jesus war „sehr betrübt" über den Tod seines Freundes.
– Der Tote war in Grabtücher gebunden und stank.

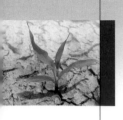

Christlich und jüdisch

Der Tod – Tor zum Ewigen Leben

In unserer Kirche finde ich folgende Hinweise auf den Tod und die Ewigkeit ...

Altar

Kanzel

Fenster

Taufstein

Was glauben andere?

Besucht einen jüdischen Friedhof – oder informiert euch darüber,
wie ein jüdischer Friedhof aussieht: Was ist anders?

Von dem jüdischen Theologen Schalom ben Chorim gibt es ein Hoffnungslied,
das in den Anhang des Evangelischen Gesangbuchs aufgenommen wurde:

1. Freunde, dass der Mandelzweig
wieder blüht und treibt,
ist das nicht ein Fingerzeig,
dass die Liebe bleibt?

2. Dass das Leben nicht verging,
so viel Blut auch schreit,
achtet dieses nicht gering
in der trübsten Zeit.

3. Tausende zerstampft der Krieg,
eine Welt vergeht.
Doch des Lebens Blütensieg
leicht im Winde weht.

4. Freunde, dass der Mandelzweig
sich in Blüten wiegt,
bleibe uns ein Fingerzeig,
wie das Leben siegt.

Auf Hoffnung hin

Jesus Christus spricht:

Fürchte dich nicht.
Ich bin der Erste und der Letzte
und der Lebendige.
Ich war tot,
und siehe:
ich bin lebendig von Ewigkeit
zu Ewigkeit
und habe die Schlüssel
des Todes und der Hölle.

Offenbarung, Kapitel 1

 Zeichne auf oder hinter das Wort des Sehers Johannes
die Schlüssel und die Tür, zu der sie passen.

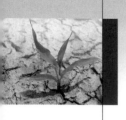

Gott und ich

Das Leben – jetzt und dann

Wir sehen jetzt durch einen Spiegel ein dunkles Bild ...
dann aber von Angesicht zu Angesicht.
Jetzt erkenne ich stückweise,
dann aber erkenne ich, wie ich erkannt bin.

1. Korintherbrief, Kapitel 13, Vers 12

 Hier kannst du ein Gedankensplitterbild gestalten: Die eine Seite des Spiegels zeigt dein Leben jetzt. In die andere Seite trage deine Hoffnungen ein (schriftlich oder bildlich) für das Leben dann.

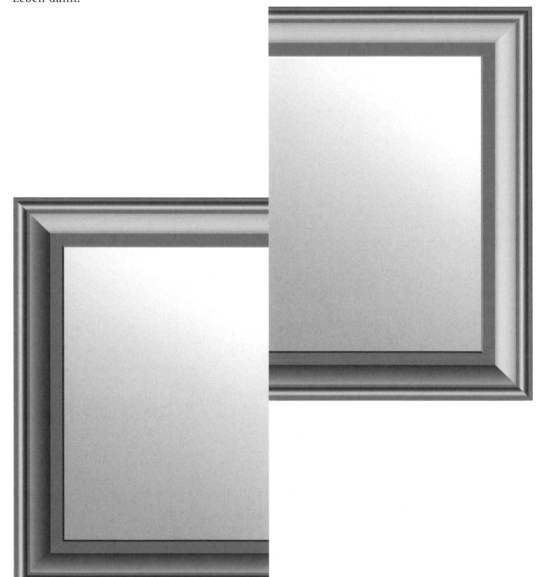

Beten, weil immer jemand zuhört

Unerklärlich gut aufgehoben

164

Im Sommer waren wir an der Nordsee. Als das Wasser weg war, sind wir ins Watt rausgegangen. Auf einmal kam so Nebel auf. Da haben wir nichts mehr gesehen. Wir wussten nicht mehr, wo das Ufer ist. Meine kleine Schwester hat angefangen zu weinen. Da hat meine Mutter gesagt, wir sollen uns alle an der Hand anfassen, damit wir uns nicht verlieren. Dann sind wir los und haben immer wieder gerufen. Dazwischen haben wir Pausen gemacht und gehorcht, ob wir wen hören. Irgendwann hörten wir Stimmen. Das waren Leute, die wussten, wie man zum Ufer kommt. Das war total verrückt. Als wir da draußen so im Nebel rumgestapft sind – so Hand in Hand – da hatte ich das Gefühl, uns kann gar nichts passieren.

Uwe, 14 Jahre

Obwohl Uwe in Gefahr ist, erlebt er gleichzeitig, wie er sich geborgen fühlt – Hand in Hand mit den anderen. Manchmal gibt es Momente – die können wir uns nicht erklären: als würde sich ein Fenster zu einer anderen Welt öffnen.

Gestalte mit dem Fenster einen solchen „unerklärlichen Moment" – du kannst eine selbst erlebte Geschichte dazuschreiben, darstellen, was du in einem solchen Moment empfindest, oder auch, was Uwe empfunden haben mag. Oder male dein Bild: Was ist da für eine andere Welt hinter dem Fenster?

Zeigt euch gegenseitig eure Gestaltungen und erläutert sie. Klärt dabei: Sprecht ihr über Zufälle, über Glück, Schicksal oder einen höheren Willen?

Beten ist...

stillsitzen danken leise vor sich hinmurmeln nachdenken
bitten Pause machen lauschen kreischen schreien
meditieren stammeln schweigen still stehen singen
Hände falten schimpfen Gott treffen nichts tun sprechen
mit sich selbst reden tanzen sich freuen an andere denken
fordern klagen etwas versprechen träumen loben
jubeln hören wünschen hoffen zu Gott sprechen
staunen etwas loswerden

 Hebe die Worte farblich hervor, die für dich am ehesten zum Beten passen.

 Stellt eine „Hitliste" der Gruppe auf und besprecht das Ergebnis.

Die meisten denken, beten ist _____

Die wenigsten denken, beten ist _____

Beten im Alltag

Mit dem Beten ist es wie mit einer Bergwanderung. Man muss sich auf eine Bergwanderung vorbereiten. Man braucht Kondition, die richtige Kleidung, etwas zum Essen und Trinken und eine Karte für die Tour. Aber richtig ernst wird es erst, wenn man unterwegs ist.

Hannelore Berner, Bergsteigerin

147

Ich bete oft, wenn ich heil nach Hause komme.   *Michael Schumacher, Rennfahrer*

Ich bete vor jedem Auftritt mit meinem Vater Psalm 91.
Darin geht es um innere Kraft und Stärke.   *Shakira, Sängerin*

Ich bete jeden Abend. Als Resümee des Tages und aus dem Bedürfnis, sich an jemanden zu wenden.   *Marius Müller-Westernhagen, Sänger*

Es ist richtig, dass ich sehr gläubig bin und jeden Tag bete. Ich schöpfe Kraft daraus und es hilft mir auch bei meiner Arbeit als Trainer. Es ist auch trostreich, zu wissen, dass es vielleicht doch noch etwas gibt, nach dem Tod.

Ottmar Hitzfeld, Fußballtrainer

 Sucht euch zu zweit einen der Interviewausschnitte aus und führt das Interview ein kleines Stück weiter. Wie lauten die nächsten Fragen – was antwortet der oder die Gefragte? Nehmt eure *Bet-Interviews* möglichst mit Kassettenrekorder auf.

Beten heißt achtsam sein

Beten kannst du lernen,
wenn du achtsam bist –
achtsam auf deine Umgebung,
achtsam auf dich und
achtsam auf Gott.
Achtsamkeit verbindet.

Achte darauf, was um dich herum da ist!

  Suche dir einen Platz, wo du mindestens 3 Minuten lang mit geschlossenen Augen auf alle Geräusche um dich herum oder in dir lauschen kannst. Schreibe in den Freiraum, was du hören konntest.

> Ich höre höre höre höre höre höre höre höre höre höre höre höre höre höre höre höre höre höre höre
> höre höre höre höre höre höre höre höre höre höre höre höre höre höre höre höre höre höre
> höre höre höre höre höre höre höre höre höre höre höre höre höre höre höre höre höre höre höre

 Suche dir einen anderen Platz, wo du ungestört und mit geschlossenen Augen für wenigstens 3 Minuten mit deinen Fingern und Händen deine nähere Umgebung ertasten kannst. Schreibe in den Freiraum, was du ertastet hast und wie es sich anfühlt.

> Ich fühle fühle fühle fühle fühle fühle fühle fühle fühle fühle fühle fühle fühle fühle fühle fühle
> fühle fühle fühle fühle fühle fühle fühle fühle fühle fühle fühle fühle fühle fühle fühle fühle fühle
> fühle fühle fühle fühle fühle fühle fühle fühle fühle fühle fühle fühle fühle fühle fühle fühle fühle

 Suche dir wieder einen anderen Platz, wo du in Ruhe bleiben kannst. Schau um dich – und betrachte genau, was dir ins Augen fällt. Lass dir dafür 3 Minuten Zeit. Beschreibe dies in dem Freiraum – für einen Menschen, der nicht sehen kann.

> Ich sehe sehe sehe sehe sehe sehe sehe sehe sehe sehe sehe sehe sehe sehe sehe sehe sehe sehe
> sehe sehe sehe sehe sehe sehe sehe sehe sehe sehe sehe sehe sehe sehe sehe sehe sehe sehe
> sehe sehe sehe sehe sehe sehe sehe sehe sehe sehe sehe sehe sehe sehe sehe sehe sehe sehe

Beten heißt achtsam sein

Achte auf dich!

Wer achtsam sein will, sollte auch auf sich selber achten lernen.
Atemübungen können dabei helfen. Du kannst sie für dich allein wiederholen,
wann immer du dir etwas Gutes tun willst.

Atemerlebnisse

Eine/einer liest ... die Gruppe atmet

Suche dir einen Platz, wo du ungestört und in Ruhe bleiben kannst. Setze
oder lege dich dort hin, wie es für dich angenehm ist.

Lass dir für die folgenden Schritte Zeit. Es geht nicht um richtig oder falsch,
sondern darum, dass du dich selber spürst. Wenn du magst, schließe deine
Augen.

Spüre deine Füße, wie sie den Boden berühren. Spüre, wo deine Beine – dein
Po – dein Rücken – deine Schultern – deine Arme – deine Hände – dein Kopf
Halt finden.

Nun achte auf deinen Atem – wie er kommt und geht ...
– Achte darauf, wie dein Körper atmet und dabei Bewegungen macht ...
– Achte auf all die kleinen Bewegungen ...
– Achte darauf, dass sich der Brustkorb sanft hebt und senkt ...
– Und dass die Bauchdecke sich hebt und senkt ...
– Und spüre, dass die Nasenflügel ganz kleine Bewegungen machen ...
– Lass den Atem kommen und gehen...

Nimm diese Bewegungen in Ruhe wahr.

Nun beende diese Übung, indem du wieder ganz wahrnimmst,
dass dein Körper Kontakt hat mit dem Boden oder dem Stuhl. Wo sind jetzt
dein Kopf – deine Schultern – deine Arme – deine Hände – dein Rücken–
dein Po – deine Beine – deine Füße? Komm mit deiner Aufmerksamkeit
wieder ganz an dem Platz an, wo du jetzt sitzt oder liegst.

 Probiert die Übung zunächst zusammen in der Gruppe.
Tauscht euch über eure Erfahrungen damit aus: Worauf muss
die/der Lesende achten? Wie erging es euch beim Spüren?

 Wiederholt die Übung zu zweit, indem eine/einer langsam
vorliest und die/der andere die Übung ausprobieren kann.
Tauscht euch über die Erfahrungen aus.

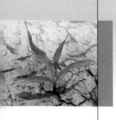

Beten heißt achtsam sein

Achte auf Gott!

Beten ist *mehr* – mehr als Achten auf die Umwelt, mehr als Achten auf mich.
Beten hat ein Gegenüber. Gläubige sagen: *Gott.* Jesus sagt: *Vater.*

Nach Jesu Vorbild beten Christinnen und Christen das *Vaterunser*.

Vielleicht kennst du es schon so gut, dass du die Worte und Bitten kaum noch beachtest. Dann lerne es neu kennen, indem du es achtsam sprichst, zum Beispiel nach der folgenden Anleitung.

 Probiere es im Stehen. Achte auf dein Einatmen und Ausatmen. Sprich das Vaterunser drei Mal im bewussten Wechsel von Ein- und Ausatmen.

 Wenn du den Text sicher kannst und neu bedacht hast, probiere verschiedene Körperhaltungen und Bewegungen aus. Was passt – für dich – am besten zum Vaterunser?

Vater unser	einatmen
im Himmel	ausatmen
geheiligt werde	einatmen
dein Name.	ausatmen
Dein Reich	einatmen
komme.	ausatmen
Dein Wille	einatmen
geschehe	ausatmen
wie im Himmel	einatmen
so auf Erden.	ausatmen
Unser tägliches Brot	einatmen
gib uns heute	ausatmen
und vergib uns	einatmen
unsere Schuld,	ausatmen
wie auch wir	einatmen
vergeben unsern Schuldigern.	ausatmen
Und führe uns nicht	einatmen
in Versuchung,	ausatmen
sondern erlöse uns	einatmen
von dem Bösen.	ausatmen
Denn dein ist	einatmen
das Reich	ausatmen
und	einatmen
die Kraft	ausatmen
und	einatmen
die Herrlichkeit	ausatmen
in	einatmen
Ewigkeit	ausatmen
A-	einatmen
men.	ausatmen

 Was erfahrt ihr über das Beten in
– Lukas, Kapitel 3, Verse 21–22
– Matthäus, Kapitel 6, Verse 5–15
– Markus, Kapitel 1, Vers 35
– Matthäus, Kapitel 26, Verse 36–46
– Markus, Kapitel 15, Verse 24–34

Beten heißt sich sammeln

Ein Mönch wurde gefragt, warum er trotz
seiner vielen Beschäftigungen immer so gesammelt
sein könne. Er antwortete:

Wenn ich stehe, dann stehe ich;
wenn ich gehe, dann gehe ich;
wenn ich sitze, dann sitze ich;
wenn ich esse, dann esse ich;
wenn ich spreche, dann spreche ich;
und wenn ich bete, dann bete ich.

Da fielen ihm die Fragesteller ins Wort und sagten:
Das tun wir doch auch. Er aber sagte zu ihnen:

Nein, wenn ihr sitzt, dann steht ihr schon;
wenn ihr steht, dann lauft ihr schon;
wenn ihr lauft, dann seid ihr schon am Ziel.
Wie soll da noch Zeit sein, Gott zu hören?

 Gestalte in den Freiräumen einen gesammelten
und einen zerstreuten Menschen.

 Erfindet Sprüche, die zur Sammlung aufrufen.
Trage deinen Lieblingsspruch in den Freiraum ein:

Der Mönch spricht nicht nur vom Beten.
Er spricht auch vom Hören auf Gottes Antwort.
Er erwartet, dass Gott *antwortet*.

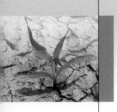

Beten im Judentum

Im Judentum hat neben dem Gebet eines Einzelnen das Gebet in der Gemeinschaft einen besonderen Stellenwert. Wer nicht zum Gottesdienst in die Synagoge kommen kann, soll das Gebet zumindest zur selben Zeit sprechen, zu der es auch in der Gemeinschaft gesprochen wird. Gemeinsamer Gottesdienst macht es möglich, die wichtigsten Ereignisse im Leben einer Person auch gemeinsam zu begehen. Freude und Trauer werden miteinander geteilt. Juden haben oft gelitten. Sie kennen das Gefühl, in der Welt allein dazustehen. Aber ein Jude, der betet, wenn auch seine Glaubensgeschwister beten, kann sich, wo er auch ist, verbunden und getragen fühlen.

Ein frommer Jude trägt beim Beten den *Gebetsschal* als Zeichen der Ehrfurcht vor Gott. Er bindet sich zum Beten die *Gebetsriemen* (Tefelin) um. Dies sind zwei Kapseln, die jeweils an einem Lederriemen befestigt sind. Die eine Kapsel wird auf die Stirn gesetzt und mit dem Riemen um den Kopf befestigt. Die andere Kapsel wird an den linken Oberarm (bei Linkshändern an den rechten Oberarm) zum Herzen hin gebunden. Der Riemen wird dann um den Arm geschlungen und an der Hand verknotet. Die Kapseln enthalten vier Bibeltexte. Sie enthalten die *Grundsätze des jüdischen Glaubens*.

 Lies die Grundsätze im Alten Testament.
Ergänze jeweils den angefangenen Satz:

2 Mose, Kapitel 13, Verse 2–10

> Gott ist einer, der ...

2 Mose, Kapitel 13, Verse 11–16

> Gott ist einer, der ...

5 Mose, Kapitel 6, Verse 4–9

> Gott ist einer, der ...

5 Mose, Kapitel 11, Verse 13–21

> Gott ist einer, der ...

Stoff zum Beten

Beten ist achtsam sein, beten ist gesammelt sein. Beten richtet sich an Gott.
So weit sind wir. Ein wichtiges Gebet haben wir eingeübt. Das Vaterunser.
Es besteht aus Bitten und Lob.

Was haben wir sonst mit Gott zu bereden?

Stell dir vor: Dir geht es richtig schlecht. Du sagst zu Gott: ...

Stell dir vor: Endlich geht es dir wieder besser. Du sagst zu Gott: ...

Stell dir vor: Dir geht es gut, aber deine Freundin liegt im Krankenhaus. Du sagst zu Gott: ...

 Schau zurück auf die letzte Zeit. Worüber hast du dich besonders gefreut?
Was war schlimm für dich? Was wünschst du für dich und für andere?
Schreibe dein Lob und deinen Dank, deine Klage und deine Bitte als Gebet.

Zeit zum Danken	Zeit zum Klagen

Zeit zum Loben	Zeit zum Bitten

 Plant als Gruppenprojekt Gebetsstationen in der Kirche.
Richtet dort je einen Ort der Klage, der Bitte, des Lobs, des Danks und der Fürbitte ein.
Überlegt, wie solch ein Ort zu gestalten ist, damit er zum Beten einlädt.

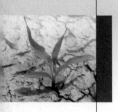

Meine Gebete

Wir können uns an Gott wenden zu jeder Zeit, an jedem Ort und mit unserem ganzen Körper und allen Worten.

Sammle Gedanken, Worte, Gebete, die du oder andere vor Gott gebracht haben, die dir wichtig erscheinen, die du vielleicht einmal beten möchtest.

Gestalte dazu einen Umschlag und klebe ihn hier auf. Vorder- und Rückseite tragen ein allgemeines und ein persönliches Gebet, z.B. das Vaterunser vorn und hinten das, was jetzt noch den Freiraum füllt.

Gott gib mir Gelassenheit

Gott, gib mir die Gelassenheit, die Dinge anzunehmen,
die ich nicht ändern kann.
Gib mir den Mut, die Dinge zu ändern, die ich ändern kann,
und gib mir die Weisheit,
das eine vom anderen zu unterschieden.

Amen.

Befreit leben, weil Gott auf meiner Seite ist

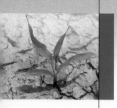

Deckung suchen

no smile on my face,
no lighting in my eyes,
tears are hard to hide,
i try to escape and dream away...

Kein Lächeln auf meinem Gesicht,
kein Leuchten in meinen Augen.
Niemand soll sehen, dass ich weine.
Lieber haue ich ab und träume mich weg.

Stell dir vor: Du nimmst dem Jungen die Brille ab – was siehst du?
Male oder schreibe um das Auge herum, was sich hinter dunklen Brillengläsern
verbirgt.

Sprecht darüber: Was bedrückt Jugendliche?
Warum verstecken sie sich hinter dunklen Gläsern?

Bloßgestellt?

Till hat ein schrecklich schlechtes Zeugnis.
Er traut sich damit nicht zu seinen Eltern.
In seiner Not fälscht er ihre Unterschrift.
Als das herauskommt, ruft der Direktor die Eltern
an und bestellt sie zu sich. Till erfährt erst davon,
als er gerade nach Hause will.

Till ahnt, was da auf ihn zukommt ...

Am Nachmittag wartet Tills Freund Marius am gewohnten Treffpunkt. Als Till endlich kommt,
ist Marius verblüfft. Er hat erwartet, den Freund niedergeschlagen und bedrückt wiederzusehen.
Aber Till hält den Kopf hoch und seine Schritte sehen fast aus, als wollte er hüpfen!

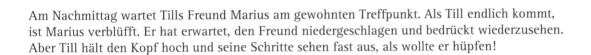

 Zeichne Tills Körperhaltung in die Kästen:
Wie Marius ihn erwartete und wie er dann kam.

Till erzählt, was geschehen ist.

Er sagt:
Vorher hatte ich einen riesigen
Stein auf dem Herzen.
Danach aber ...

 Diskutiert in der Gruppe, bis ihr wirklich passende Worte für Tills Satz findet.

Befreit von Lasten

Kommt her zu mir, alle, die ihr mühselig und beladen seid –
ich will euch erquicken!

Jesus

 Schreib in die Steine die „Lasten", die Jesus den Menschen, denen er begegnet ist, abnahm.
Du kannst in deinem Gedächtnis kramen oder in der Bibel suchen, z.B.
– Lukas, Kapitel 19, Verse 1–8
– Johannes, Kapitel 8, Verse 3–11
– Markus, Kapitel 8, Verse 1–9
– Lukas, Kapitel 24, Verse 15–32

Schreib in die leer bleibenden Steine weitere Lasten,
die dir einfallen.

 Angesichts des großen Steinhaufens…
Besprecht in der Gruppe: Was bedeutet „erquicken"?

Erquicken ist wie …

Malt euren Vorschlag aus – mit Farben, Gebärden, Rufen und allem, was euch sonst einfällt.

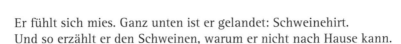

Befreit von Ängsten

Er fühlt sich mies. Ganz unten ist er gelandet: Schweinehirt.
Und so erzählt er den Schweinen, warum er nicht nach Hause kann.

Ich habe ja den Mund ziemlich voll genommen: Ich will endlich auf eigenen
Füßen stehen, habe ich gesagt. Ich komme schon klar.

Mein Bruder wird lachen und sagen: Und wie du klargekommen bist!
Arm, zerlumpt und Schweinehirt!

Ich habe gesagt: Ich will weg. Anderswo ist es besser als zu Hause.

Ich weiß: Ich habe Vater sehr gekränkt.

Abenteuer, habe ich gesagt, ich will Spaß haben und ich will mal was erleben.

Teuer war's. Ich habe alles Geld verbraucht, das Vater mir mitgab.
Wird er mich nicht fragen: Wo ist das viele Geld? Was hast du damit
angestellt?

Mein Bruder wird sagen: Typisch – jetzt, wo's dir schlecht geht,
kommst du heim. Nicht, weil du uns vermisst. Sondern, weil du Hunger hast.

Nein, ich kann nicht heimgehen. Es ist zu peinlich.

Er setzt die Sonnenbrille auf und bleibt lange sitzen ...

... Und wenn er sich doch überwindet und aufbricht?

Wie wäre es denn, wenn der Vater ihm entgegenliefe, mit ausgebreiteten Armen?
Wenn er ihm die Sonnenbrille abrisse und riefe:

Mein Sohn, wie gut, dass du wieder da bist!

 Spielt diese Heimkehr – als kleine Szene, Pantomime oder
Klangspiel. Überlegt, welche Gefühle dargestellt werden müssen
und wie.

 Seht oder hört euch das Spiel einige Male an.
Wovon werden der Vater, der Sohn, der Bruder befreit?

Jesus sagt:

Unser Vater im Himmel ist so ein Vater.
Er läuft uns mit offenen Armen entgegen.

 Die Originalgeschichte steht bei Lukas,
Kapitel 15, Verse 11–25.

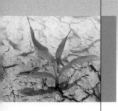

Befreit zum Miteinander

Und siehe, eine Frau war da, die hatte seit achtzehn Jahren einen Geist, der sie krank machte; und sie war verkrümmt und konnte sich nicht mehr aufrichten.
Als aber Jesus sie sah, rief er sie zu sich und sprach zu ihr:

Frau, sei frei von deiner Krankheit!

Und legte die Hände auf sie. Und sogleich richtete sie sich auf und pries Gott.

Lukas, Kapitel 13, Verse 11–13

 Betrachte das Bild.
Die Haltung der Frau und die Arme Jesu „sprechen" für sich:

 Probiert die Haltungen und Gesten der Personen aus.

Was sieht die Frau?
Die Frau ist so krumm, dass

_____

_____

_____

Was will Jesus erreichen?
Jesus hält seine Arme so, dass

_____

_____

_____

 Nun richte die Frau auf.
Du kannst sie skizzieren.
Besprecht, was sie –
frei von der Krankheit –
sieht und tut.

Befreit aus der Gefangenschaft

Jedes Jahr feiern es unsere jüdischen Mitbürgerinnen und Mitbürger und alle Juden weltweit: Passah – ihre große Befreiungsgeschichte. Sie erinnern sich dabei daran, wie in Gottes Auftrag Mose die Israeliten aus Ägypten befreit hat.

> In jeder Generation soll jeder Mensch
> sich so betrachten, als sei er selbst
> wie die Israeliten vor 3200 Jahren
> aus Ägypten ausgezogen. ...
> Nicht nur unsere Vorfahren
> hat Gott befreit, sondern mit ihnen
> befreit Gott auch uns.
>
> *Passah-Liturgie*

Es gibt einen Brauch unter portugiesischen Jüdinnen und Juden, an dieser Stelle vom Tisch aufzustehen und die Flüchtlinge aus Ägypten nachzuahmen. In meiner Familie wurden von den Eltern und Großeltern Geschichten darüber erzählt, was es bedeutet, auf der Flucht zu sein. Wir erkennen, dass der Passahabend nicht nur die Geschichte vom Auszug nacherzählt. Ebenso ermutigt er uns, zu verstehen, was es bedeutet, unterdrückt zu sein und um Freiheit kämpfen zu müssen. Dies ist die wichtigste Lehre des Passah.

Jonathan Shire, englischer Rabbiner

Befreiung aus der Sklaverei

1. When Israel was in Egypt's land: let my people go!
   Oppressed so hard, they could not stand: let my people go!
   Go down, Moses, 'way down in Egypt's land,
   tell ol' Pharao: let my people go.

– 2. bis 5. Strophe –

Als Israel in Ägypten war:
lass mein Volk doch ziehn!
So hart bedrängt, dass es nicht zu
ertragen war:
lass mein Volk doch ziehn!
Geh, Mose, geh hin nach Ägypten
und sag dem Pharao:
Lass mein Volk ziehn.

6. Oh, let us all from bondage flee – let my people go!
   And let us all in Christ be free, let my people go ...
   Go down, Moses, 'way down in Egypt's land,
   tell ol' Pharao: let my people go.

Kommt, lasst uns alle unsere
Fesseln abstreifen –
lass mein Volk doch ziehn!
Lasst uns alle frei sein in Christus,
lass mein Volk doch ziehn! ...

 Das Lied ist ein christlicher Gospel – finde heraus, was das ist und wen hier die Befreiungshoffnung der Mose-Geschichte „angesteckt" hat.

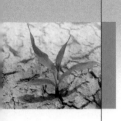

Befreit zu Gottes Nähe

Manchmal kommt es mir vor,
als sei ich frei.
Frei wie ein Vogel.
Ein Engel.
Ich sehe, höre,
fühle Gott.
Nah.

Manchmal kommt es mir vor,
als sei ich allein.
Abgeschnitten von
Gott. Zwischen
ihm und mir –
eine Wand.
Müll.

Manchmal kommt es mir vor,
als will ich's nicht anders.
Allein mit mir selbst
schulde ich keine
Antwort auf Gottes:
„Wo bist
du?"

Dann kommt einer und macht
den Weg wieder frei.
Ich atme auf und
lobe den Retter.
Er hat sich Mühe
gemacht um
mich.

Welche Freiheit?

Dann kommt einer ...

Der Karikaturist hat einen Bestimmten im Sinn – Jesus Christus, der alles, was zwischen Gott und den Menschen steht, mit an das Kreuz und ins Grab genommen hat, damit es nie mehr stört. So stellt der Karikaturist Jesu Grab dar. Was möchten Menschen, was möchtest du loswerden? Zeichne oder schreibe hinein, was von Gott trennt.

117

Freiheit ist nicht nur ein Wort.
Freiheit, das sind Worte und Taten.
Als Zeichen der Freiheit ist Jesus gestorben,
als Zeichen der Freiheit für diese Welt.

Eckart Bücken

Das ist die zweite Strophe eines Kirchenliedes („Liebe ist nicht nur ein Wort"). Das Kreuz Jesu hat schon viele Menschen frei gemacht zu mutigen Taten. Erzählt einander Beispiele – z.B. von Paulus, Martin Luther, Dietrich Bonhoeffer, Mutter Teresa, Nelson Mandela – oder auch von Menschen aus eurem Bekanntenkreis.

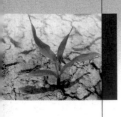

Freiheit feiern

Die „Röhre" ist frei. Gestalte ein Fest mit Gott und den Menschen und mit dir!

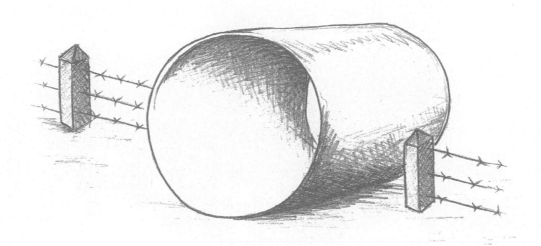

Ich sein,
weil ich getauft bin

(M)ein Blick in den Spiegel!

Nimm dir einen Augenblick Zeit. Schau in den Spiegel.
Der Spiegel zeigt es dir. So siehst du aus. Aber wer bist du wirklich?

 Was kannst du gut? – Und die andere Seite?
Gibt es Sachen, die dir schwer fallen?

Was ich gut kann   *Was mir schwer fällt*

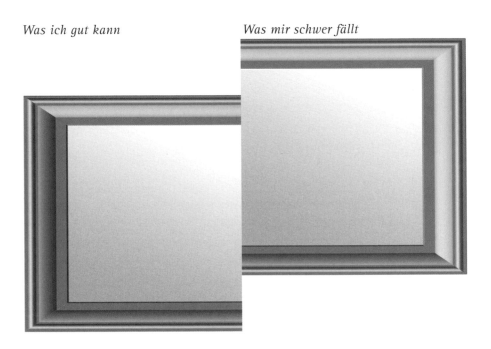

 Zeige deinen Spiegel einem/einer anderen aus deiner Gruppe.
Sieht er/sie dich auch so? Oder vielleicht ganz anders?
Lass dir aufschreiben, was er/sie richtig gut an dir findet:

Im Spiegel der Anderen

Geteilte Meinungen

Meine Eltern sagen: Aus dir kann mal
richtig was werden.
Freunde sagen: Du bist echt in Ordnung.
In der Schule sagt die Lehrerin: ...

In der Schule, zu Hause, bei Freunden, im Sportverein –
die anderen sagen dir, wie sie dich sehen.

 Was hat man dir schon „an den Kopf geworfen",
was hat dich aufgebaut?

92

 Schreibt eure Lieblingssätze auf bunte „Ballons"
(farbige Tonpappe, ballonförmig ausgeschnitten) und
hängt sie im Raum aus.

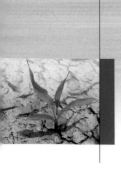

Mein Name

Zum Knobeln

ANNABIRGITCHRISTIANDÖRTEERIKFRANKGRACIAHOLGERIRISJAN
NETJEKRISTINALISAMARIUSNADJAOLGAPASCALRENESABINETORS
TENULFERTVICTORWAYNEYVONNEXAVERZACHARIASAISCHEBORISCAI

Welche Namen sind dabei? Umrahme oder unterlege sie farbig.

Namen haben Bedeutung

Oft wird dein Name gerufen. Freundinnen rufen deinen Namen. Dann macht ihr etwas zusammen.
Deine Eltern rufen deinen Namen. Du sollst zum Essen kommen. Der Lehrer spricht dich an. Und du hast
gerade nicht aufgepasst ... Mal ehrlich: Gefällt dir der Name, den deine Eltern ausgesucht haben?

Tauscht euch in Kleingruppen darüber aus!

Manchmal werden Vornamen nach dem Wortsinn ausgewählt, den sie ursprünglich hatten.
Susanne, zum Beispiel, heißt *Lilie* und Felix bedeutet *Der Glückliche.* Manchmal gefällt aber auch
einfach der Klang – und man fragt nicht nach dem Sinn (Wer weiß schon, dass Barbara *Die Wilde*
heißt?) Oder man mag einen Menschen sehr und wählt deshalb seinen Namen.

Wie wirst du genannt? Oder: Wie lässt du dich am
liebsten nennen? Hier ist Freiraum für eine schöne Gestaltung.
Was bedeutet dein Name? Oder: Was bedeutet er dir?

Als Gott seinen Bund mit Abram schließt, gibt er ihm zugleich
einen neuen Namen: Abraham (1 Mose, Kapitel 17, Vers 5).

Taufen

Warum Taufe?

„Ich bin getauft, weil das einfach dazu gehört, wenn man evangelisch ist!"

Karl-Heinz, 52 Jahre

„Wir lassen unsere Kinder taufen, weil wir das Beste für sie wollen."

Angelika, 32 Jahre

„Meine Taufe war toll. Schön, dass ich jetzt auch dazu gehöre!"

Franzi, 14 Jahre

...

 Findet heraus, was andere über die Taufe denken. Befragt Freunde, Bekannte, Kirchenälteste/Presbyter, Eltern, Patinnen und Paten. Sammelt Stellungnahmen – vielleicht sogar mit dem Kassettenrekorder oder einer Videokamera?

 Schreibe die Stellungnahme zur Taufe, die du besonders einleuchtend findest oder die dich geärgert hat, auf einen Zettel. Tausche dich darüber mit den Anderen aus.

Eine Taufe

Es ist Ostersonntag, 5.30 Uhr: Seit ungefähr 10 Minuten sitzt Rebecca mit einer Kerze in der dunklen Kirche. Die Stimmung ist ein bisschen unheimlich. Um sie herum sitzen noch andere Menschen. Man hört, wie sie leise flüstern. Das frühe Aufstehen ist Rebecca schwer gefallen. Aber gleich sollen Antje und Thorben aus ihrer Konfirmandengruppe getauft werden. Da will sie nicht fehlen. Auf einmal hört sie Musik. Das ist der Anfang. Eine Kerze wird in die Kirche getragen. Rebecca versteht von dem Gesang nur so viel: *Christus ist das Licht.* Jemand zündet an der großen Kerze seine kleine an und mit ihr die seiner Nachbarin. So geht es weiter. Der eine gibt dem anderen Licht, bis alle Kerzen brennen. Die Kirche erstrahlt im Kerzenschein. Jetzt sieht Rebecca Antje und Thorben. Sie sitzen ganz vorn. Die Pastorin liest aus der Bibel: *Alle Menschen sollen getauft werden.* Dann gehen die beiden zu ihr. Die Pastorin fragt, ob sie sich taufen lassen wollen. Sie sagen: *Ja.* Ihre Namen werden genannt. Und dann kommen das Taufwasser, ein Spruch und ein Segen. Das ist schon toll, denkt Rebecca, irgendwie andächtig ...

10

 Besuche selbst einen Taufgottesdienst und beobachte, was dazu gehört. Markiere im Text, was du wiedererkannt hast.

 Es gibt für die Taufe wichtige Zeichen (Kerze, Wasser, Taufbecken usw.). Zeichne eines davon über den Text – ganz zart, mit Bunt- oder Bleistift.

 Matthäus, Kapitel 28, Verse 16–20: Alle Menschen sollen getauft werden.

www.taufspruch.de, www.evangelisch-das-ganze-leben.de, www.ekd.de

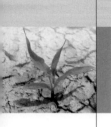

Entdeckungen in der Bibel

Im Zusammenhang: Dein Name und die Taufe

Bei jeder Taufe wird der Name des Täuflings mit dem Namen Gottes verbunden: „Ich taufe dich, ..., im Namen Gottes, des Vaters und des Sohnes und des Heiligen Geistes ..."

Im Alten Testament heißt es: Fürchte dich nicht, denn ich habe dich erlöst, ich habe dich bei deinem Namen gerufen, du bist mein. (Jesaja, Kapitel 43, Vers 1)

Im Neuen Testament sagt Jesus: Freut euch, dass eure Namen im Himmel geschrieben sind. (Lukas, Kapitel 10, Vers 20).

 Schreibe deinen Namen in den Freiraum:

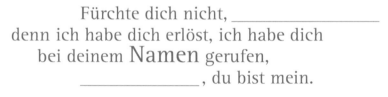

Fürchte dich nicht, _____
denn ich habe dich erlöst, ich habe dich
bei deinem **Namen** gerufen,
_____ , du bist mein.

 Lest diesen Text gemeinsam in der Kirche.
Und jede und jeder sagt den eigenen Namen. Wie klingt das?

Auch Jesus ließ sich taufen

 Fertigt ein Gemeinschaftsbild zur Taufe Jesu (Markus, Kapitel 1, Verse 9–11) an!
Ihr könnt es fotografieren und hier hineinkleben.

Und alsbald, als er aus dem Wasser stieg,
sah er, dass sich der Himmel auftat
und der Geist wie eine Taube herabkam auf ihn.
Und da geschah eine Stimme vom Himmel:
Du bist mein lieber Sohn.
An dir habe ich Wohlgefallen.

Das Wasser der Taufe

Zur Taufe gehört Wasser. Wasser ist ein Zeichen für das Leben. Mit Wasser kann man sich waschen. Es reinigt. Und es kann gefährlich sein – bei Hochwasser oder Sturmflut.
Wir alle haben täglich mit Wasser zu tun.

Ein Wassertagebuch

7.00 Uhr: Aufstehen, ich spritze mir kaltes Wasser ins Gesicht, um wenigstens ein bisschen wach zu werden.

10.20 Uhr: Im Sportunterricht. Ganz schön anstrengend. Ich trinke erst einmal Wasser.

15.30 Uhr: Mensch, ist das heiß! Ich gehe ins Schwimmbad.

18.15 Uhr: Auf dem Weg zum Tanzkurs. Und jetzt regnet es auch noch!

Nimm ein leeres Terminkalenderblatt und schreib dein persönliches „Wassertagebuch".
Klebe das Blatt dann auf den Freiraum mit dem Beispiel (das brauchst du ja nicht mehr).

Was ist das Besondere am Taufwasser?

„Wasser tut's freilich nicht, sondern das Wort Gottes, das bei dem Wasser ist und der Glaube, der solchem Worte Gottes im Wasser traut. Denn ohne Gottes Wort ist das Wasser schlicht Wasser und keine Taufe; aber mit dem Wort Gottes ist's eine Taufe."

Martin Luther

Einmal traf Jesus an einem Brunnen eine Frau, die Wasser schöpfte.
Er bat sie, dass sie ihn trinken ließ, und sie kamen darüber ins Gespräch.
Da sagte Jesus etwas Rätselhaftes:

Wer von diesem Wasser trinkt, den wird wieder dürsten.
Wer aber von dem Wasser trinken wird, das ich ihm gebe,
den wird in Ewigkeit nicht dürsten,
sondern das Wasser, das ich ihm geben werde,
das wird in ihm eine Quelle des Wassers werden,
das in das ewige Leben quillt.

Jesus (Johannes, Kapitel 4, Verse 13 und 14)

 Was denkt sich die Frau? Führt das Gespräch weiter. Oder führt das Gespräch, das die Frau später mit ihrem Mann hat:

Mann: Warum warst du so lange am Brunnen?
Frau: Stell dir vor …

 Die ganze Wasser-Geschichte steht bei Johannes, Kapitel 4, Verse 1–15.

Wasser anderswo

Im Judentum

Tauchbad in Speyer

Wasser spielt in vielen Religionen eine große Rolle. Oft hat es etwas mit „Reinigung" zu tun. Das, was das Leben schwer macht, wird „abgewaschen". Für Jüdinnen und Juden zum Beispiel ist Reinheit ein sehr wichtiges Gebot. Regelmäßige Waschungen gehören für einen frommen Juden unbedingt zum Leben dazu.

Die *Mikwe* ist im Judentum ein Tauchbad, in dem Menschen Reinheit im religiösen Sinne erlangen. Menge und Herkunft des Wassers sind genau vorgeschrieben. Es darf nur natürliches Quell-, Schnee-, Eis-, Meeres- oder Seewasser verwendet werden. Mikwe heißt „Ansammlung von Wasser". Ihr liegt die Unterscheidung von „Tumah" (unrein) und „Tahara" (rein) zugrunde. Sie dient nicht der körperlichen Hygiene. Diese wird bei der Benutzung der Mikwe vorausgesetzt.

Gott, sei mir gnädig nach deiner Gnade,
wische meine Vergehen ab nach der Fülle deiner Barmherzigkeit.
Wasche mich völlig von meiner Schuld und reinige mich von meiner Sünde.

Psalm 51

Informiere dich im Internet oder mit dem Lexikon, welche Bedeutung Wasser in anderen Religionen hat. Schreibe das Wichtigste in den Freiraum:

Im Islam ...

Im Buddhismus ...

Im ...

Veranstaltet eine kleine Ausstellung zum Thema „Wasser in den Religionen".

www.berlin-judentum.de/mikwe

Taufe feiern!

Tauffest

Die Taufe von Kindern wird oft als Familienfest gefeiert. Großeltern, Onkel und Tanten kommen zum Gottesdienst und anschließend bleibt man noch zusammen, isst und trinkt und lernt den Täufling kennen. Freunde und Bekannte, die ebenfalls eingeladen werden, sehen das neue Familien- und Gemeindeglied vielleicht zum ersten Mal.

Zur Taufe waren – und sind – symbolische Geschenke üblich.
„Etwas fürs Leben": silbernes Besteck, eine Kette mit Gravur, eine Münze.

Tauferinnerung

Wer als Kleinkind getauft wurde, erinnert sich verständlicherweise nicht an das erste Tauffest. Umso wichtiger kann die Tauferinnerung sein – eine regelmäßige Vergewisserung, dass Gott von mir weiß und dass ich mit seinem Segen durch das Leben gehe.

 Gestaltet gemeinsam einen Gottesdienst, in dem ihr euch an eure Taufe erinnert.
In diesem Gottesdienst könnten auch die Konfirmandinnen und Konfirmanden getauft werden, die noch nicht getauft sind. Ladet eure Patinnen und Paten dazu ein.

Was ihr vorbereiten und bedenken solltet

Taufgeschenk: Einen guten Wunsch aufschreiben

Erinnerung: Erinnerungsstücke an die eigene Taufe suchen

Gottesdienst: Welche Lieder wollen wir singen?

Gottesdienst: Welchen Psalm wollen wir beten?

Schmuck: Taufkerzen gestalten

Spiel statt Predigt: Ein szenisches Spiel vorbereiten, zum Beispiel zur Taufe des „Kämmerers aus Äthiopien", Apostelgeschichte, Kapitel 8, Verse 26–39

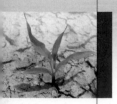

Ich persönlich...

Momentaufnahmen

Damals	Heute	Morgen

 Hier kannst du Fotos einkleben, Stichworte schreiben oder zeichnen. Es geht darum, mehr abzubilden, als dein Spiegel dir beim flüchtigen Hineinschauen zeigen kann.

Dabei sein,
weil wir eingeladen sind

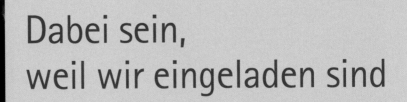

Essen – allein und gemeinsam

Mein Speisezettel

 Trage ein, was du heute gegessen hast.
Mache farblich kenntlich:
Was davon hast du allein, was zusammen mit anderen gegessen?

 Besprecht in der Gruppe: Was ist das Besondere am gemeinsamen Essen?

 Ein gedeckter Tisch

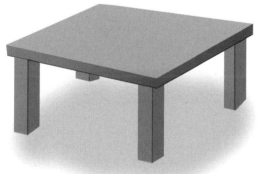

 Decke links für dich allein, rechts für dich und einige andere – für wen? Beschrifte Tischkarten.

Essen und Feiern

Eine Mutter erzählt: Philip mag eigentlich nur Weißbrot mit Nussnugatcreme. Aber neulich, da war er zum Geburtstag bei seinem besten Freund eingeladen. Es waren auch noch sechs andere Kinder da. Als ich ihn abholen wollte, saßen sie alle am Abendbrottisch – und aßen Häppchen mit Wurst und Käse. „Mein sechstes!", rief Philip mir zu und schob sich ein Käsebrot in den Mund. Ich verstand die Welt nicht mehr ...

Du antwortest:

Vergleicht eure Antworten. Freude beim Essen – Wovon hängt sie ab?
Tragt einen passenden „Spruch" ein:

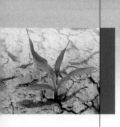

Essen und Leben

Mein Vater sagt:
„Essen hält Leib und
Seele zusammen."

Manchmal kriege ich
vor Aufregung keinen Bissen
herunter.

Immer wenn meine Großmutter sah,
dass ich Kummer hatte, sagte sie:
„Iss erst mal ein Stück Schokolade."

Wenn es mir schlecht geht,
gehe ich an den Kühlschrank ...

 Erzählt euch gegenseitig
Geschichten vom Essen.
Die beste findet hier
noch Platz.

Zu jedem Anlass das passende Essen

Zu Ostern isst man ...

Zu Weihnachten gehören Speisen wie ...

Zu Silvester gibt es bei uns ...

Wenn ich Geburtstag habe, wünsche ich mir mein Lieblingsessen: ...

Es ist ein schöner Sommerabend. Ihr sitzt draußen zusammen und ...

Eine Bekannte steht vor der Tür, sagt: Ich wollte nur mal kurz reinschauen;
muss gleich wieder weg ... – Was könntest du ihr anbieten?

Ein Jubiläum: Morgens um halb elf kommen viele Gratulanten.
Es gibt ...

Ein Trauerfall. Nach Gottesdienst und Beerdigung auf dem Friedhof
bleiben die Angehörigen noch zusammen und ...

Essen zum Gedenken

Eines der verbreitetesten und wichtigsten Feste des Judentums
ist das Passahfest.

 Lies nach bei 2 Mose, Kapitel 12, Verse 3–20.

Das Fest erinnert an das ungesäuerte Brot, das die Israeliten auf
ihrer Flucht aßen. Der Verzehr ungesäuerten Brots ist für die Passahwoche
vorgeschrieben.

 Stelle zusammen, was bei der Passahfeier auf den gedeckten Tisch gestellt wird.
Male, zeichne oder schneide aus buntem Papier die einzelnen Gegenstände aus und
schreibe darunter, wie sie heißen.

Der Sedertisch

 Sucht in Lexika/im Internet, was ihr unter dem Begriff „Passah" findet.
Tragt es zusammen und macht euch Stichworte:

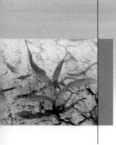

Jesus – ein „Fresser und Weinsäufer"?

So fasst Jesus einmal zusammen, was man über ihn sagt:

Der Menschensohn ist gekommen, isst und trinkt;
so sagen sie: Siehe, was ist dieser Mensch
für ein Fresser und Weinsäufer,
ein Freund der Zöllner und Sünder!

Matthäus, Kapitel 11, Vers 19

In den Evangelien ist oft davon die Rede, dass Jesus für Essen und Trinken gesorgt oder mit Menschen zusammen gegessen und getrunken hat.

 Suche dir eine der Textstellen aus und lass Jesus erklären, warum er das gemacht hat:

Markus, Kapitel 8, Verse 1–9:
Jesus macht 4000 Menschen in der Wüste satt.

Johannes, Kapitel 2, Verse 1–10:
Jesus macht Wasser zu Wein.

Matthäus, Kapitel 9, Verse 9–12:
Jesus isst mit Zöllnern (die galten als Gauner und Verräter).

Jesus

Was sagt das Vaterunser über das Essen?

Was sagt Jesus in der Versuchungsgeschichte über das Essen?
(Matthäus, Kapitel 4)

Das große Gastmahl

Kommt, denn es ist alles bereit!

Er hat Grund zum Feiern. Es geht ihm gut, er ist fröhlich und er denkt sich: Ich will feiern. Weil aber niemand allein feiern kann, lädt er seine Nachbarn und Freunde ein.

Bloß: Die haben alle keine Zeit. Sie haben alle möglichen Ausreden, durchaus glaubwürdig, und sie entschuldigen sich auch und bedauern es sehr. Aber es bleibt dabei: Sie haben keine Zeit.

Er wundert sich. Die Absagen tun ihm weh. Denn alles ist vorbereitet, mit viel Liebe und Mühe. Der Tisch ist gedeckt. Speisen und Getränke stehen bereit. Für Musik ist gesorgt.
Doch der festliche Raum bleibt leer.

Was nun?

Er bespricht sich mit seinen Angestellten, die alles zusammen mit ihm vorbereitet haben ...

Am Ende ist sein festlicher Raum voll mit Leuten, die er gar nicht kennt. Sie hatten aber Zeit und Freude, die Einladung anzunehmen ...

Welche Idee hat der Gastgeber, als alle Gäste absagen?
(Du kannst nachschlagen: Lukas, Kapitel 14, Verse 15–24.)
Zeichne oder schneide aus und klebe Menschen in den festlichen Raum, die mitfeiern.

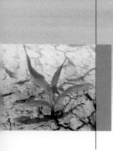

Eingeladen

Kommt, es ist alles bereit!
Sehet und schmecket, wie freundlich der Herr ist.

Das hat Nadja im Gottesdienst gehört.
Eine Einladung an alle – so wie bei dem Großen Gastmahl.

Was es zu essen gab?

Brot und Wein, sagt Nadja. Und Worte.

Worte?

126

> Dies ist mein Leib, für euch gegeben.
>
> Dies ist mein Blut, für euch vergossen.

Nehmt und esst. Nehmt und trinkt … zu meinem Gedächtnis.

Die Pastorin hat diese Worte gesprochen, im Namen Jesu.
Jesus hat solche Worte gesprochen, als er zum letzten Mal mit seinen
Jüngern zusammensaß und zu Abend aß – bevor er verhaftet,
verurteilt und gekreuzigt wurde.

Ein besonderes Mahl, eine besondere Feier

Ernst und still.
Macht den Bauch
nicht satt.
Aber die Seele.

Die Seele.
Wieso?

Erinnere dich,
wie Jesus aß –
mit denen,
die keiner mochte.

91
Erinnere dich,
wie Jesus teilte,
mit denen,
die nichts hatten.

100
Stell dir vor,
wie Jesus dich ansieht,
wenn du nicht weißt,
wo du hinsehen sollst.

Er schaut nicht mehr in den Spiegel.
Er mag sein Gesicht nicht mehr leiden. Warum?
Schreibe deine Idee in die Denkblase.

Gestärkt für den Weg

Er ist das Brot, er ist der Wein,
steht auf und esst,
der Weg ist weit.
Es schütze euch der Herr,
er wird von Angst befrein,
es schütze euch der Herr,
er wird von Angst befrein.

Er ist das Brot, er ist der Wein,
kommt, schmeckt und seht,
die Not ist groß.
Es stärke euch der Herr,
er wird euch Schuld verzeihn,
es stärke euch der Herr,
er wird euch Schuld verzeihn.

Er ist das Brot, er ist der Wein,
steht auf und geht,
die Hoffnung wächst.
Es segne euch der Herr,
er lässt euch nicht allein,
es segne euch der Herr,
er lässt euch nicht allein.

Eckart Bücken

Drei Versprechen macht
dieses Abendmahlslied.

Welches davon ist dir
heute wichtig?
Schreibe es dir in die
Hand:

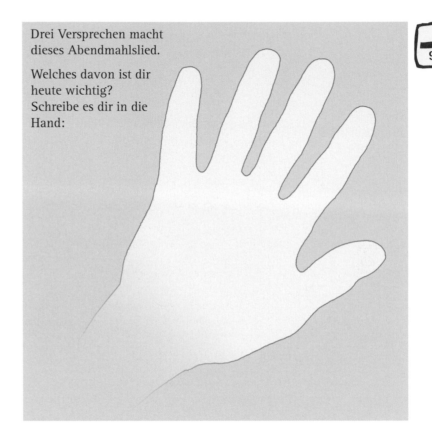

97

 Das Abendmahlslied von Eckard Bücken hat im Gesangbuch die Nummer 228; wenn du es aufschlägst und blätterst, findest du in der Nachbarschaft weitere Abendmahlslieder. Stöbere darin und suche dir einen Vers oder eine Strophe aus, die dir besonders gefallen.

 Anschließend vergleicht eure Funde und macht eine „Hitliste".

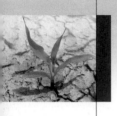

Was auf der Einladung steht

Herzliche Einladung zum Abendmahl

Wer soll kommen?

Wann?

Wohin?

Warum?

Was soll er mitbringen?

Was kann er erwarten?

Bekennen, wozu ich stehe

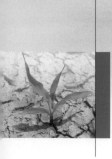

Standpunkte

Drei Beamte

 Betrachtet das Bild. Was wundert euch?
Hier könnt ihr es festhalten:

Was erwartet ihr, wenn ihr Stichwörter hört wie „Beamte", „Polizisten", „Wachposten"?

 Füllt für einen der drei auf
dem Foto die Sprechblase aus:

Oft werden Menschen auf Rollen festgelegt, die sie in der Öffentlichkeit spielen.

 Wie stellst du dir, zum Beispiel,
eine/n der Folgenden vor:

– Rechtsanwältin
– Pop-Sängerin
– Stadion-Ordner
– Professor
– Maler

Mit Haut und Haaren

Alle vierzehn Tage samstags spätestens um 15.00 Uhr
steht Dieter in der Fankurve. Schal, Mütze, Röhrenjeans
und seine „Kutte", die übersät mit 96er-Aufnähern ist,
sind seine Erkennungszeichen.
Schon das Anziehen nach dem Mittagessen ist wie eine
Verwandlung. Dann noch schnell die Fahne geschnappt
und ab zur S-Bahn-Station.
Die in seiner Klasse das Sagen haben, sind alle
Bayern-Fans. Allzu gern würde er mal in „Kutte" und
Schal in der Schule auflaufen.
Aber irgendwie traut er sich nicht.

Maya ist da ganz anders. Sie hat sich die
Haare auf der einen Seite fast abrasiert und auf
der anderen lang wachsen lassen.

„FOREVER PUNK",

sagt sie jedem, der es hören oder auch nicht
hören will. Ihr ist es egal, dass sie in der Klasse
als Punkerin allein auf weiter Flur steht.

Was ist deine „persönliche Note"? Welche äußeren Zeichen sind dir wichtig –
oder wären dir wichtig, wenn du könntest, wie du wolltest?

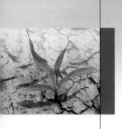

Lebensgeschichte

Das bin ich heute

Aktuelles Passbild
oder selbst
gemaltes Porträt/
oder eine Karikatur?

Name

Geburtstag/-jahr

Datum der Eintragung

Entscheidungen

Entscheidungen in deinem Leben – zum Beispiel Wahl des Namens, des Wohnorts, der Schulform, Hobbys, Freundinnen/Freunde – trage einige davon in die Liste ein und bewerte sie.

161

Man hat für mich und mein Leben bereits wichtige Entscheidungen getroffen:			
Entscheidung	Okay.	Geht so.	War verkehrt.
1.			
2.			
3.			

Ich habe in meinem Leben schon folgende Entscheidungen getroffen:			
Entscheidung	Okay.	Geht so.	War verkehrt.
1.			
2.			
3.			

Findet euch nach gemeinsamen Hobbys oder Interessen in kleinen Gruppen zusammen. Gestaltet dazu ein Werbeplakat oder einen coolen Spruch.

Ja gesagt

165

Julia, auf die Frage, was ihre Konfirmation für sie bedeutet:

Bei der Taufe haben meine Eltern und Paten ihr Ja zum christlichen Glauben an meiner Stelle gesagt. Nun bin ich selbst gefragt.
Öffentlich spreche ich mein Bekenntnis zum christlichen Glauben zusammen mit den anderen Konfirmandinnen und Konfirmanden.

 Und wie feiern die anderen Religionen ihr Bekenntnis?
Informiere dich bei Klassenkameradinnen und -kameraden und im Internet.
Notiere, was dir besonders wichtig ist.

Im Judentum Im Islam Im Hinduismus Im Buddhismus Im Judentum Im Islam Im Hinduismus Im Buddhismus Im Judentum Im Islam Im Hinduismus Im Buddhismus Im Judentum Im Islam Im Hinduismus Im Buddhismus Im Judentum Im Islam Im Hinduismus Im Buddhismus Im Judentum Im Islam Im Hinduismus Im Buddhismus Im Judentum Im Islam Im Hinduismus Im Buddhismus Im Judentum Im Islam Im Hinduismus Im Buddhismus Im Judentum Im Islam Im Hinduismus Im Buddhismus Im Judentum Im Islam Im Hinduismus Im Buddhismus Im Judentum Im Islam Im Hinduismus Im Buddhismus Im Judentum Im Islam Im Hinduismus Im Buddhismus Im Judentum Im Islam Im Hinduismus Im Buddhismus Im Judentum Im Islam Im Hinduismus Im Buddhismus Im Judentum Im Islam Im Hinduismus Im Buddhismus Im Judentum Im Islam Im Hinduismus Im Buddhismus Im Judentum Im Islam Im Hinduismus Im Buddhismus Im Judentum Im Islam Im Hinduismus Im Buddhismus Im Judentum Im Islam Im Hinduismus Im Buddhismus Im Judentum Im Islam Im Hinduismus Im Buddhismus Im Judentum Im Islam Im Hinduismus Im Buddhismus Im Judentum Im Islam Im

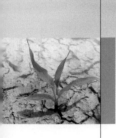

Mein Gott

Glaubst du an Gott?

Laut einer Umfrage aus dem Jahr 2002 antworten evangelische Christinnen und Christen in Deutschland so:

Glaube an Gott	West	Ost
Ich glaube, dass es einen Gott gibt, der sich in Jesus Christus zu erkennen gegeben hat.	43 %	47 %
Ich glaube an Gott, obwohl ich immer wieder zweifle und unsicher werde.	27 %	27 %
Ich glaube an eine höhere Kraft, aber nicht an einen Gott, wie ihn die Kirche beschreibt.	26 %	16 %
Ich glaube weder an Gott noch an eine höhere Kraft.	3 %	6 %
Ich bin überzeugt, dass es keinen Gott gibt.	1 %	4 %

Besprecht die gleiche Frage in der Gruppe.
Ihr könnt aber andere Antworten geben. Tragt sie hier ein –
und dahinter das „Abstimmungsergebnis".

Glaube an Gott	
Ich glaube	
Ich glaube	
Ich glaube	

Die Frage: „Glaubst du an Gott?" ist nicht mit Ja oder Nein zu beantworten.
Wer antworten will, muss zuerst überlegen:

Wer ist Gott? Wer ist Gott für mich?

Was würdest du – heute – darauf antworten?

Mein Bild von Gott

Heute, am _____

„Woran du dein Herz hängst, das ist dein Gott." –
Kannst du dir erklären, was Martin Luther mit diesem Satz meint?

Mit der ganzen Christenheit auf Erden

Das apostolische Glaubensbekenntnis

Ich glaube an Gott, den Vater, den Allmächtigen,
den Schöpfer des Himmels und der Erde.

Und an Jesus Christus, seinen eingeborenen Sohn, unseren Herrn,
empfangen durch den Heiligen Geist,
geboren von der Jungfrau Maria,
gelitten unter Pontius Pilatus,
gekreuzigt, gestorben und begraben,
hinabgestiegen in das Reich des Todes,
am dritten Tage auferstanden von den Toten,
aufgefahren in den Himmel;
er sitzt zur Rechten Gottes, des allmächtigen Vaters;
von dort wird er kommen, zu richten die Lebenden und die Toten.

Ich glaube an den Heiligen Geist,
die heilige christliche Kirche,
Gemeinschaft der Heiligen,
Vergebung der Sünden,
Auferstehung der Toten
und das ewige Leben.

Amen

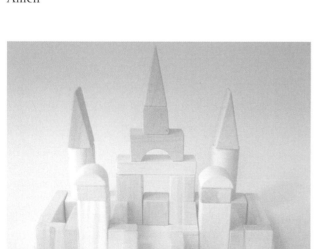

Nicht immer fallen einem eigene Worte ein,
um das, was einem wichtig ist,
deutlich zu sagen. Dann helfen fremde Worte,
die man mitsprechen kann,
weil viele andere, heute und damals,
hier und anderswo, sie auch sprechen
und weil sich gezeigt hat: *Ja, die passen.*

Das apostolische Glaubensbekenntnis
ist viele hundert Jahre alt.
Katholische und evangelische
Christen sprechen es in aller Welt.
Es ist entstanden aus der Frage:
Was sind die Bausteine des christlichen
Glaubens – was ist unverwechselbar
und unverzichtbar?

 Lies das Glaubensbekenntnis. Markiere,
was deiner Meinung nach Bausteine
des christlichen Glaubens sind.

 Beschrifte entsprechend das
„Glaubensgebäude".

 Sprecht über diese Bausteine.
Ihr könnt neben dem Text eintragen,
was sie für euch bedeuten.

Sich zu Christus bekennen

Ein Versprechen ...

Christus sagt:

Ich bin das Brot des Lebens.
Wer zu mir kommt,
den wird nicht hungern;
und wer an mich glaubt,
den wird nimmermehr dürsten.

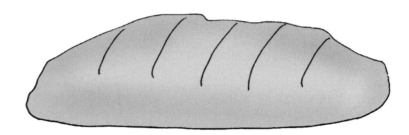

Was bedeutet Brot? (Schreibe in das „Brot" alles, was dir einfällt).
Was bedeutet dann: Jesus ist wie Brot...?

Kennt ihr noch andere Vergleiche:

Jesus ist wie ...

... und eine Herausforderung

Christus sagt:

Was ihr getan habt einem von diesen meinen geringsten Geschwistern, das habt ihr mir getan.

Geschwister Christi

Wer Christus liebt,

der _____

Suche aus Zeitschriften Abbildungen von Menschen heraus, die Jesus zu seinen „geringsten Geschwistern" rechnen würde. Gestalte eine Collage (besser größer und als Poster) und vervollständige die Aufschrift.

Boden unter den Füßen

Beatbetrieb

Woran glaubst du?

Am Ende aller Zeit,
sag, was bleibt?
Sag mir, woran glaubst du dann?
Am Ende aller Zeit,
was wird sein?
Sag mir, woran glaubst du dann?

(Refrain)

Tobias, Gründer und Schlagzeuger der Band Beatbetrieb, auf die Frage nach seinem Glauben:

Es geht doch darum, worauf man sich verlassen kann, wenn einem womöglich der Boden unter den Füßen wegkracht ... Da fragt man sich doch: Was trägt mich denn durch? Was hält denn länger als ein paar Stunden?

Für mich selbst ist es so, dass ich mich immer an einen Bibelvers erinnere:
Wir sehen nicht auf das Sichtbare, sondern aufs Unsichtbare.

Denn die sichtbaren Dinge vergehen und die unsichtbaren Dinge bleiben.

Ich glaube, auf Gott und seine Treue kann man sich wirklich verlassen. Er bleibt länger als wir Menschen oder als materielle Sachen. Und in Jesus hat er das natürlich noch viel deutlicher gemacht.

 Beantworte die Frage von Tobias und seiner Band für dich. Gestalte das Fundament deines „Hauses" mit Sichtbarem und Unsichtbarem, das deiner Überzeugung nach trägt.

Ein mutiges Bekenntnis

Einstehen für ...

 Du kannst zwei verschiedene Wege gehen: Gestalte in dem Freiraum einen Standpunkt, der dir am Herzen liegt. Oder: Stelle eine Person/ein Ereignis dar, zu dem du sagen würdest: Der/die/das hat mich schwer beeindruckt.

Frei sein,
weil es Regeln gibt

Regeln, die für mich gelten

Regeln für die Konfirmandenzeit

Wir wollen wir wollen nicht wir wollen wir wollen nicht wir wollen wir wollen nicht wir wollen wir wollen nicht wollen wir wollen nicht wir wollen wir wollen nicht wir wollen wir wollen nicht wir wollen wir wollen nicht wollen wir wollen nicht wir wollen wir wollen nicht wir wollen wir wollen nicht wir wollen wir wollen nicht wir wollen wir wollen nicht wollen wir wollen nicht wir wollen wir wollen nicht wir wollen wir wollen nicht wir wollen wir wollen nicht wir wollen wir wollen nicht wollen wir wollen nicht wir wollen wir wollen nicht wollen wir wollen nicht wir wollen wir wollen nicht wir wollen wir wollen nicht wir wollen wir wollen nicht wir wollen wir wollen nicht wollen wir wollen nicht wir wollen wir wollen nicht wir wollen wir wollen nicht wollen wir wollen nicht wir wollen wir wollen nicht wir wollen wir wollen nicht wir wollen wir wollen nicht wollen wir wollen nicht wir wollen wir wollen nicht wir wollen wir wollen nicht wollen wir wollen nicht wir wollen wir wollen nicht wir wollen wir wollen nicht wir wollen wir wollen nicht wollen wir wollen nicht wir wollen wir wollen nicht wir wollen wir wollen nicht wollen wir wollen nicht wir wollen wir wollen nicht wir wollen wir wollen nicht wir wollen wir wollen nicht wollen wir wollen nicht wir wollen wir wollen nicht wollen wir wollen nicht wir wollen wir wollen

  Vielleicht habt ihr euch bereits Regeln gegeben, die für eure Konfirmandengruppe gelten sollen. Schreibt oder klebt sie in den Freiraum. Wenn nicht – hier ist Raum, welche zu finden!

Eine Regel, die ich nicht verletzen möchte:

Ich will immer _____

Ich will niemals _____

 Suche dir einen der beiden Satzanfänge aus und schreibe den Satz zu Ende.

Regeln als Geschmackssache?

 Überlegt euch, welche Regeln Geschmackssache sind, welche nicht.

 Entwirf ein ähnliches Bild oder ein Gegenbild. – Klebe es so über die Karikatur, dass es zur Seite geklappt werden kann.

Vom (Un)Sinn der Regeln

In oder out: Ungeschriebene Regeln

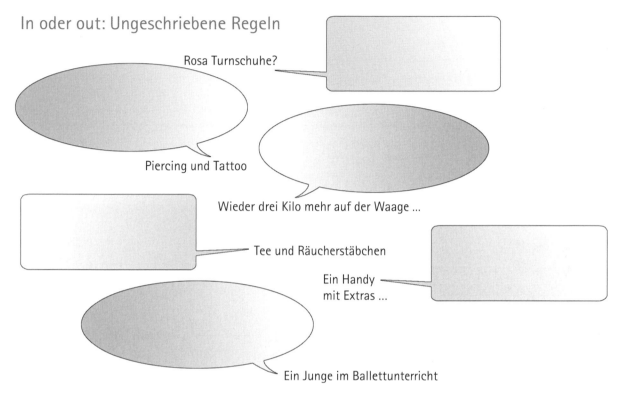

Rosa Turnschuhe?

Piercing und Tattoo

Wieder drei Kilo mehr auf der Waage ...

Tee und Räucherstäbchen

Ein Handy
mit Extras ...

Ein Junge im Ballettunterricht

 Schreibe spontane Kommentare
in die Sprechblasen.

 Vergleicht eure Kommentare.
Überlegt, was für „Regeln" hinter solchen „Urteilen" stecken.
Wer bestimmt sie? Für wen gelten sie?

Regel	Diese Regel gilt für den, der ...	Diese Regel gilt, weil ...
Piercing ist „in".		

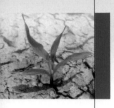

Was hätte ich tun sollen?

Außer Kontrolle

Blitzschnell greift Paul zu – und hat den Schlüsselbund von Steffen in der Hand. Bevor Steffen reagiert, wirft Paul die Schlüssel einem Mitschüler zu. Es beginnt ein Spiel, bei dem Steffen keine Chance hat. Er jagt seinen Schlüsseln hinterher, aber sobald er nah dran ist, fliegen sie weiter. Weder Bitten noch Drohungen helfen. Da rastet Steffen aus. Er packt Sven, der gerade noch die Schlüssel hatte, und schlägt zu ...

 Der Freiraum bietet dir die Möglichkeit, die Geschichte ein Stück weiter zu erzählen.

 Eine Lehrerin kommt herein und nimmt sich Paul und Steffen vor. Als sie sich über den Hergang des Streits informiert hat, bekommen beide die (Straf-)Aufgabe, eine Regel zu finden, die vermeiden soll, dass ein solcher Vorfall sich wiederholt.

Paul schreibt:

Steffen schreibt:

 Vergleicht eure Ergebnisse und besprecht, ob die gefundenen Regeln wirklich helfen können.

 Gestaltet zu der Streitsituation ein Standbild und sprecht anschließend darüber, was ihr in der Rolle der dargestellten Person empfunden habt.

Paul
Sven
Steffen
Lehrerin
Ines
Nina
Nils ...

 Markiere einen der Namen und schreibe in die Sprechblase, was er oder sie empfindet.

Leben auf der einen Erde

Regelungen finden, die gutes Leben ermöglichen

Alle menschlichen Gesellschaften, Kulturen und Religionen kennen bestimmte Grundregeln für das Zusammenleben, damit dieses gelingt und „gut" ist. Diese Regeln sind kurz und klar formuliert.

Islam
Keiner von euch ist ein Gläubiger, wenn er nicht das für seinen Bruder wünscht, was er auch für sich selber wünscht.

Christentum
Alles, was ihr wollt, dass euch die Leute tun sollen, das tut ihnen auch. Das ist das Gesetz und die Propheten.

Judentum
Was du selber hasst, dass tue auch nicht deinem Nächsten. Das ist das ganze Gesetz, der Rest ist nur Kommentar.

Hinduismus
So lautet die Summe aller Pflichten: Tue nicht den anderen an, was dir selber schlecht tut.

Buddhismus
Verletze nicht einen anderen auf eine Art, dass es dich selber verletzen würde.

 Und jetzt du: Mache aus dem, was den oben genannten Regeln gemeinsam ist, deine eigene Regel:

 Malt eine Weltkugel auf eine große Tonpappe oder die Rückseite einer Tapete. Übertragt eure Regeln auf Wegweiser und heftet sie an die Weltkugel.

Wenn ihr die Weltkugel in dunklen Farben gestaltet und die Wegweiser hell, seht ihr, wie die Welt durch diese Regeln heller wird!

 Du findest die Regeln auch im Internet unter www.weblexikon.de/Goldene Regel.html.

 Sieh unter www.weltethos.org nach. Was bedeutet „Weltethos"? Was will diese Stiftung? Was hat das alles mit Lebensregeln zu tun?

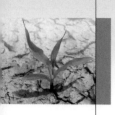

Regeln auf dem Weg in die Freiheit

Die 10 Gebote

1 Ich bin der Herr, dein Gott. Du sollst nicht andere Götter haben neben mir.

2 Du sollst den Namen des Herrn, deines Gottes, nicht unnütz gebrauchen: denn der Herr wird den nicht ungestraft lassen, der seinen Namen missbraucht.

3 Du sollst den Feiertag heiligen.

4 Du sollst deinen Vater und deine Mutter ehren, auf dass dir's wohl gehe und du lange lebest auf Erden.

5 Du sollst nicht töten.

6 Du sollst nicht ehebrechen.

7 Du sollst nicht stehlen.

8 Du sollst nicht falsch Zeugnis reden wider deinen Nächsten.

9 Du sollst nicht begehren deines Nächsten Haus.

10 Du sollst nicht begehren deines Nächsten Weib, Knecht, Magd, Vieh noch alles, was sein ist.

Das Anliegen der Gebote

25

Jesus sagt:

Du sollst den Herrn, deinen Gott, lieben von ganzem Herzen, von ganzer Seele und von ganzem Gemüt. Dies ist das höchste und größte Gebot.

Das andere aber ist dem gleich: Du sollst deinen Nächsten lieben wie dich selbst

Matthäus, Kapitel 22, Verse 37–39

Schlag 5 Mose, Kapitel 6, Vers 5 und 3 Mose, Kapitel 19, Vers 18 auf – Was fällt dir auf?

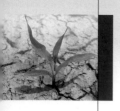

Lässt sich heute
nach den Geboten leben?

Zum Beispiel: „Du sollst nicht falsch Zeugnis
reden wider deinen Nächsten"

Wir sollen Gott fürchten und lieben,
dass wir unsern Nächsten nicht belügen,
verraten, verleumden oder seinen Ruf verderben,
sondern ihn entschuldigen, Gutes von ihm reden
und alles zum Besten kehren.

Martin Luther, Erklärung zum achten Gebot

Erfahrungen mit dem Lügen

Lügen haben kurze Beine.

Mit Lügen kommt man durch die ganze Welt, aber nicht zurück.

Die Lüge ist wie ein Schneeball: Je länger man ihn wälzt, desto größer wird er.

Wer einmal lügt, dem glaubt man nicht, und wenn er auch die Wahrheit spricht.

Ein Lügner muss ein gutes Gedächtnis haben.

Erfahrungen mit der Wahrheit

Wer die Wahrheit wollte begraben, müsste viele Schaufeln haben.

Alle Welt hasst die Wahrheit, wenn sie einen trifft.

 Suche dir einen der Sprüche aus und gestalte dazu ein Bild/
eine Bildfolge (Cartoon/Comic). Lass deinen Nachbarn/deine
Nachbarin raten, welchen Spruch du gewählt hast.

 Vergrößert (z.B. größer kopiert und auf Pappe geklebt) lässt sich
aus allen Zeichnungen eine Lügen-Ausstellung gestalten, auf Folie
kopiert ein Ratespiel für die Gruppe (OH-Projektor).

 Für Paulus gehört zur Liebe die Wahrheit:
1 Korinther, Kapitel 13, Vers 6.

Wahrheit wagen

Der Preis der Wahrheit

Ich konnte kaum meinen Augen trauen, als ich den Namen des Ladens sah: Wahrheitsladen. Dort wurde Wahrheit verkauft.

Die Verkäuferin war sehr höflich: Welche Art Wahrheit wollte ich kaufen, Teilwahrheiten oder die ganze Wahrheit? Natürlich die ganze Wahrheit. Nichts da mit Trugbildern, Rechtfertigungen, moralischen Mäntelchen. Ich wollte meine Wahrheit schlicht und klar, ungeteilt.

Sie winkte mich in eine andere Abteilung des Landes, wo die ganze Wahrheit verkauft wurde.

Der Verkäufer dort sah mich mitleidig an und zeigte auf das Preisschild. „Der Preis ist sehr hoch", sagte er. „Wie viel?", fragte ich, entschlossen, die ganze Wahrheit zu erwerben, gleichgültig, was sie kostete. „Wenn Sie diese hier nehmen", sagte er, „bezahlen Sie mit dem Verlust Ihrer Ruhe und Gelassenheit, und zwar für den Rest Ihres Lebens."

Anthony de Mello

Angenommen, der Mann verlässt den Laden mit leeren Händen...

Seine Frau: Wolltest du nicht die Wahrheit kaufen?

Er: Die ganze Wahrheit.
Sie: Und? Wo ist sie?
Er: Noch im Laden...
Sie: Wieso denn das...?

Oder aber: Der Mann bezahlt ...

An einem festlich gedeckten Tisch.
Seine Frau: Warum genießt du das Fest nicht? Er: Ich weiß, anderswo sind Menschen traurig.

Bei einer öffentlichen Rede des Präsidenten:
Seine Frau: Warum jubelst du nicht? Er: Ich weiß, er verspricht mehr, als er halten kann.

 Fülle die Freiräume aus, oben mit einer Antwort,
unten mit einem weiteren Beispiel.

 Finde ein Bild für die Wahrheit. Vergleicht und besprecht eure Wahl.

Edelstein Backstein Rose mit Dornen Hagelschauer Schatz
Buch mit sieben Siegeln Medizin Schlange sich hebender Vorhang
zerrissener Schleier zweischneidiges Schwert ...

 Schlag in einer Bibelkonkordanz das Stichwort „Wahrheit" auf – du wirst sehen,
wie kostbar die Wahrheit vor Gott ist.

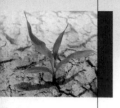

Achtung!

Eine Regel, die andere mir gegenüber nicht brechen sollten:

Lieben, weil es gut tut

Liebe ist ...?

Das Rätsel der Liebe

Eines Tages kam der Teufel zu einem jungen Mann und sagte: „Komm mit."
Der junge Mann sagte: „Nein, ich will nicht."
Bevor nun der Teufel Gewalt anwenden konnte, stellte der junge Mann ihm
rasch eine Rätselfrage. Denn der Teufel liebt das Rätselraten. Tatsächlich ließ
der Teufel sich auf das Rätsel ein und überlegte. Das Rätsel aber lautete:

> Was ist das?
>
> Man kann es nicht hör'n,
> man kann es nicht seh'n,
> es tut oft weh und es ist doch schön,
> es ist kein Wein, doch es geht ins Blut,
> und es tut ..., es tut so gut.
>
> Es ist kein Gold, doch es macht reich,
> ein Herz aus Eisen wird davon weich,
> es ist kein Feuer, aber es brennt,
> sag mir, wie man das nennt!

Der Teufel riet und riet – aber er kam nicht auf die richtige Lösung.
Am Ende rief der Teufel: „Wenn du mir die Lösung verrätst, geb ich dich frei!"

Die Lösung lautet: _____

Das Rätsel der Liebe umfasst viele Bilder und Gegensätze (nicht ..., aber doch ...) –
Kannst du die Liste fortsetzen? Verrate Schritt für Schritt mehr über die Liebe, bis du ganz
nah dran bist:

Es ist ...

Es ist ...

Liebe ist ...

Vergleicht eure Beschreibungen. Auf welches Bild könnt ihr euch einigen?

Liebe ist ...

Könnt ihr euch erklären, warum der Teufel das Rätsel nicht lösen konnte?

Wie groß ist die Liebe?

„ … bis zum Mond und zurück"

So beantwortet in einem Kinderbuch der kleine Hase seine eigene Frage:
Weißt du eigentlich, wie lieb ich dich habe?

 Stell dir vor, eine Mutter will ihrem Kind sagen, wie gewaltig groß ihre Liebe zu ihm ist. Denk dir ein Bild für diese Größe aus und gestalte es hier.

Meine Liebe – ohnegleichen!

Meine Liebe ist wärmer als der wärmste Sonnenschein,
sachter als ein Seufzer.
Meine Liebe ist tiefer als der tiefste Ozean
und weiter als der Himmel.
Meine Liebe ist heller als der hellste Stern,
der nachts über uns leuchtet.

_____

_____

Und nichts, nichts auf der Welt
wird meine Liebe je ändern.

 So sagt es der Refrain eines Oldies. Schreibe in den Freiraum zwei weitere Verse. Vergleiche mit anderen.

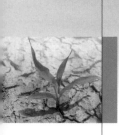

Liebe sichtbar machen

Menschen zeigen ihre Liebe

Die Liebe ist unsichtbar, haben wir gesagt.
Sichtbar wird sie, wo ein Mensch seine Liebe lebt.

Liebe ist, wenn

Liebe ist, wenn

Liebe ist, wenn

Liebe ist, wenn

Liebe ist, wenn

 Überlege, wo auf den Fotos die Liebe *zu sehen* ist.
Vervollständige die Satzanfänge und vergleiche mit anderen.

Liebe ist ein Geschenk

Eines Morgens lag es vor der Haustür.
Ein Päckchen.
Sorgfältig eingepackt in glänzendes rotes Geschenkpapier.
Mit einer silbernen Schleife.
Kein Absender drauf.
Keine Adresse.
Nur ein einziges Wort.
Liebe.

Vier Menschen wohnten in dem Haus.
Sarah, vierzehn, frisch verliebt.
Benno, acht, Sarahs Bruder.
Mona, ihre Mutter, frisch geschieden.
Erwin, der Großvater, seit fünf Jahren Witwer.

 Sie alle sahen das Geschenk und überlegten, was da wohl drin sei …
Schreibe in die Denkblasen, was sie vermuten:
Sarah – rot. Benno – blau.
Mutter – grün. Großvater – schwarz.

Gott schenkt Liebe

...Und dann fand Sarah doch noch den Absender. Da stand: Gott.

 Besprecht in der Gruppe die Vermutungen, die ihr in die Wolken geschrieben habt.
Überlegt, was die Angabe des Absenders ändert ...

Wahre Liebe hat ein großes Herz
und einen langen Atem,
Wahre Liebe ist nicht gierig und ungeduldig,
sie spielt sich nicht auf
und sie spielt nicht mit dir.

Wahre Liebe musst du nicht prüfen,
sie will dich nicht locken und täuschen.

Wahre Liebe wird nicht bitter und hart,
sondern vergisst, was nicht gut war.
Sie hat keine Freude an Unrecht und Strafe,
sondern freut sich allein an der Wahrheit.

Alles deckt sie zu mit einem Mantel aus Samt,
alles glaubt sie, alles hofft sie.
Und sie wird bleiben,
was immer geschieht.

Nach Paulus, 1. Korintherbrief, Kapitel 13

So beschreibt der Apostel Paulus die Liebe, wie Jesus sie als Gottes Liebe verkündigt.

 Lies Paulus' Loblied auf die Liebe. Was ist also in Gottes Liebes-Geschenk drin?

Oft wählen Hochzeitspaare Worte aus dem Paulus-Text als ihren Trauspruch –
so wie Gottes Liebe soll auch die Liebe sein, die sie einander schenken.

 Diskutiert in der Gruppe: Ist so eine Liebe menschenmöglich?
Wo seht ihr Chancen und Grenzen?

Gott ist die Liebe

Gott ist die Liebe! ... steht im 1. Johannesbrief im Neuen Testament.

Lasst uns lieben,
denn er hat uns zuerst geliebt.

Wenn jemand spricht:
Ich liebe Gott –
und hasst seinen Bruder,
der ist ein Lügner.

Und dies Gebot haben wir von ihm,
dass, wer Gott liebt,
dass der auch seinen Bruder liebe.

Aus dem großen Geschenk der Liebe Gottes
fallen viele kleinere. Was ist da drin?

... er hat uns zuerst geliebt ...

Gott liebt diese Welt. Er rief sie ins Leben.
Gott ist's, der erhält, was er selbst gegeben.
Gott gehört die Welt!

So sehr hat Gott die Welt geliebt, dass er
_____

Gott liebt diese Welt. Feuerschein und Wolke
und das heilge Zelt sagen seinem Volke:
Gott ist in der Welt.

So sehr hat Gott sein Volk geliebt, dass er
_____

Gott liebt diese Welt. Ihre Dunkelheiten
hat er selbst erhellt. Im Zenit der Zeiten
kam sein Sohn zur Welt.

So sehr hat Gott uns geliebt, dass er
_____

Gott liebt diese Welt. In den Todesbanden
keine Macht ihn hält: Christus ist erstanden:
Leben für die Welt!

So sehr hat Gott uns geliebt, dass er
_____

Aus EG 409, Strophen 2–4 und 6

In einem Kirchenlied ist festgehalten, welche Geschenke Gott uns gemacht hat.
Findet heraus, was in den vier Strophen gemeint ist. Ergänzt die Satzanfänge.

Folgende Texte können euch helfen:
1 Mose, Kapitel 1, Verse 26–31
2 Mose, Kapitel 3, Verse 1–14. Kapitel 13, Verse 21 und 22.
Lukas, Kapitel 2, Verse 1–14
Die Einsetzungsworte des Abendmahls

Gottes Liebe – Menschenliebe

Wie Gott liebt

Der Rabbi Schlomo sprach:

Ach, könnte ich doch
den größten Zaddik (gerechter Mensch) auf der Welt
so lieben,
wie Gott
den größten Bösewicht
liebt.

Martin Buber, Die Erzählungen der Chassidim

Jona ärgert sich über Gottes Liebe

Ein eindrucksvolles Beispiel für Gottes Liebe und für seine Geduld mit
„Bösewichtern" steht im Buch Jona – Juden und Christen teilen es.

Ninive ist eine reiche stolze Stadt. Die Menschen in Ninive fragen weder nach
Gott noch nach ihren Mitmenschen. Jeder denkt an sich. Sie geben nichts ab.

Da schickt Gott ihnen den Propheten Jona. Er soll ihnen sagen:
Wehe euch, ihr Menschen in Ninive. Gott will sich euren Hochmut und eure
Habgier nicht länger mit ansehen. Eure Stadt soll zerstört werden.

Die Menschen in Ninive, allen voran ihr König, erschrecken sehr.
Und dann sehen sie ein: Ja, der Prophet hat Recht. Wir leben nicht so,
wie wir sollten. Und sie beginnen zu beten und Gutes zu tun und
bitten Gott um Verzeihung.

Und Gott verzeiht ihnen. Er lässt die Stadt unversehrt. Jona, der Prophet,
fühlt sich blamiert. Dies ist sein Gebet.

Siehst du, Gott, darum wollte ich
deinen Auftrag erst nicht annehmen:
Ich wusste, dass du gnädig, barmherzig,
langmütig und von großer Güte bist
und immer so gern verzeihst.
Aber wie stehe ich jetzt da?
Ach Gott, ich möchte am liebsten sterben!

Was kann Gott Jona antworten?
Entwickelt Dialoge und nehmt sie auf.

Hast du dich schon einmal darüber geärgert, dass ein anderer allzu
nachgiebig war?

Mit Gottes Liebe leben

Woran merkst du, dass Gott dich liebt?

Ehrlich gesagt, ich spüre das eigentlich nicht. Aber ich weiß es.
Es steht in der Bibel. Und das reicht mir. Darauf verlasse ich mich.

Mann, 40 Jahre

Auf der Konfi-Freizeit ist eine von uns getauft worden –
am Abend in einem See. Überall am Strand waren
Windlichter aufgestellt. Die Pfarrerin hat darüber geredet,
dass Gott uns so nimmt, wie wir sind.
Wir haben gemeinsam Lieder gesungen.
Da war in mir so ein tiefes Gefühl von Glück.
Ich habe gespürt, wie schön es ist, dass ich lebe.
Ich glaube, da hat Gott mir gezeigt,
wie sehr er mich liebt.

Konfirmandin, jetzt 16 Jahre

103

Ich habe zwei Papas. Meinen richtigen und noch den Gott.
Gott hat mich so lieb wie mein Papa, nur noch mehr.

Junge, 5 Jahre

In meinem Leben gab es oft ausweglose Situationen.
Manchmal wusste ich einfach nicht weiter.
Das war dann so ein Gefühl, als ob mein ganzes Leben
zugemauert war. Manchmal habe ich dann gebetet.
Und manchmal habe ich Kraft für den nächsten Schritt gekriegt.
Ich glaube, das war Gottes Art und Weise,
mir zu sagen: Ich liebe dich.

Frau, 77 Jahre

 Hier ist Platz für deine Antwort (oder für die Antwort,
die dir jemand anders auf diese Frage gegeben hat).

81

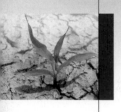

Liebe – Eine Momentaufnahme

Hier ist Platz für ein Bild, das für dich einfängt, wie Liebe ist.
Du kannst es selber malen oder auch einkleben.
Vielleicht fällt dir ja noch ein Titel ein ...

Mein Bild von der Liebe: _____

Träumen,
weil es Augen öffnet

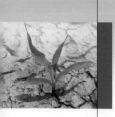

Was für ein Albtraum!

Thomas hat einen Horrorfilm gesehen.

Was träumt er in der Nacht danach?

Wie fühlt er sich dabei?

Was kann ihm helfen, sich von diesem Traum zu befreien?

Ein schlimmer Albtraum...

 Zeichne oder beschreibe einen schlimmen Albtraum.

 Tausche dich mit einem Partner/einer Partnerin über eure Albträume aus.

Tagträumer

Liebe/r ...,

> heute habe ich mich wieder einmal ertappt,
> wie ich mit offenen Augen geträumt habe.
> Ich habe in den Himmel geschaut
> und plötzlich sind meine Gedanken in die Ferne
> gewandert.
> Ich habe geträumt, dass ...

Dein/Deine ...

 Schreibe den Tagtraum eines Schülers/einer Schülerin auf.

Oder auch, wenn du willst, deinen eigenen.

 Sprecht darüber, zu zweit oder in der Gruppe.

Was ist dran an solchen Träumen? Was „bringen" sie?

„Träume" in der Werbung

Von Träumen ist auch in der Werbung die Rede.

 Beschreibe einen Traum, der dich anspricht.

 Sprecht zu zweit oder in der Gruppe darüber,
woran die Verfasser möglicherweise gedacht haben.

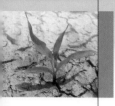

Träum weiter

Was die Leute sagen

1 Träum weiter!
2 Wer nicht den Mut zum Träumen hat, hat nicht die Kraft zum Kämpfen.
3 Träume sind die Sprache des Herzens!
4 Wer nicht träumt, kann nicht lieben.
5 Träume zerplatzen wie Seifenblasen.
6 Träume machen stark.
7 Den Seinen gibt's der Herr im Schlaf.

Lies die Sätze und überlege, was sie bedeuten ...

Ich halte Nummer _____ für eine wichtige Antwort, weil _____

Ich ärgere mich über Nummer _____, weil _____

Beschreibe, was dir an Träumen noch wichtig ist.

Im Gottesdienst hat Sarah neulich etwas Unglaubliches gehört.

Da wagt einer einen wunderbaren Traum...

Gestalte das Hoffnungsgedicht farbig, indem du Worte und Verse je nach Stimmungslage „hell" oder „dunkel", „fröhlich" oder „trüb" unterlegst.

Vergleiche deine Gestaltung mit anderen. Sprecht darüber.

Und es wird ein Reis hervorgehen aus dem Stamm Isais
und ein Zweig aus seiner Wurzel Frucht bringen.

Auf ihm wird ruhen der Geist des HERRN,
der Geist der Weisheit und des Verstandes,
der Geist des Rates und der Stärke,
der Geist der Erkenntnis und der Furcht des HERRN.

Er wird nicht richten nach dem, was seine Augen sehen,
noch Urteil sprechen nach dem, was seine Ohren hören,
sondern wird mit Gerechtigkeit richten die Armen
und rechtes Urteil sprechen den Elenden im Lande.
Gerechtigkeit wird der Gurt seiner Lenden sein
und die Treue der Gurt seiner Hüften.

Da werden die Wölfe bei den Lämmern wohnen
und die Panther bei den Böcken lagern.
Ein kleiner Knabe wird Kälber und junge Löwen
und Mastvieh miteinander treiben.
Kühe und Bären werden zusammen weiden,
dass ihre Jungen beieinander liegen,
und Löwen werden Stroh fressen wie Rinder.

Und ein Säugling wird spielen am Loch der Otter,
und ein entwöhntes Kind wird seine Hand stecken in die Höhle der Natter.
Man wird nirgends Sünde tun noch freveln
auf meinem ganzen heiligen Berge;
denn das Land wird voll Erkenntnis des HERRN sein,
wie Wasser das Meer bedeckt.

Jesaja, aus Kapitel 11

Mut Machendes

Ein junger Mann
in abgewetzten Jeans
sinkt an einem
einsamen Ort
erschöpft zu Boden,
um sich auszuruhen.
Er weiß nicht,
wohin er gehen soll.
Nur eines weiß er:
Zurück kann er nicht.
Denn er hat einen
großen Fehler
begangen und hat Angst
vor Rache.

Unter seinen Kopf
legt er wie ein Kissen
einen Stein.
Als er einschläft,
träumt er ...

 Was mag er deiner Meinung nach träumen?

Sicher wäre ihm so, wie er sich beim Einschlafen gefühlt hat, kein tröstlicher Traum gekommen.
Aber das Unerwartete geschieht ...
Das kann nicht aus ihm selber gekommen sein. Den Traum muss ihm jemand geschickt haben.
Als er erwacht, sagt er: „Fürwahr, der HERR ist an dieser Stätte – und ich wusste es nicht!"

 Lies nach, was Jakob geträumt hat (1 Mose, Kapitel 28).

 Schreib auf, was Gott zu ihm sagt – möglichst in eigenen,
ganz freien Worten!

 Erzählt euch Geschichten, die so enden:
„Und dieser Traum hat mir Mut gemacht."

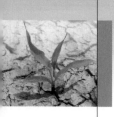

Da kommt der Träumer!

Josefs Traumbild

 Ein Junge träumt: „Alles dreht sich um mich ...“ –
Gestalte in dem Freiraum ein Bild, das zu diesem Titel passt.

 Drei Antworten auf Anmaßung –
Überlegt euch (zu zweit oder dritt) kleine Szenen,
in denen diese drei Antworten vorkommen.

Der spinnt!

Was bildet der sich ein?

Und wenn es doch wahr ist...?

 Verschafft euch einen Überblick über die Josefgeschichte (1 Mose, Kapitel 37–50);
vielleicht mithilfe einer Kinder-/Jugendbibel.

 Tragt Geschichten und Märchenmotive zusammen: Siegen eigentlich immer die Ältesten,
die Größten und die Stärksten? Was dürfen die Kleinsten und Jüngsten hoffen (träumen)?

Aktiv träumen

Was noch?

Ein junger Mann fragte Jesus:

„Was muss ich tun, um für immer mit Gott im Einklang zu leben?"

„Du kennst die Gebote und weißt, was Gott von dir fordert."

„Die Gebote habe ich alle gehalten. Aber das kann doch nicht alles sein..."

> Und Jesus sah ihn an und gewann ihn lieb und sprach zu ihm:
> Eines fehlt dir. Geh hin, verkaufe alles, was du hast, und gib's den Armen,
> so wirst du einen Schatz im Himmel haben, und komm und folge mir nach.
> Er aber wurde unmutig über das Wort und ging traurig davon;
> denn er hatte viele Güter.
>
> *Markus, Kapitel 10, Verse 21–22*

Michael und Judith waren gemeinsam im Jugendgottesdienst.
Dort wurde das Gespräch Jesu mit dem reichen jungen Mann in einem Anspiel dargestellt.

Michael: Das war aber 'ne ziemliche Zumutung ...
Judith: Also, ich find's ganz richtig, dass der was abgeben soll ...
Michael: ...
Judith: ...

Später kommt ihnen Jan entgegen, Michaels jüngerer Bruder.

Jan: Worüber regt ihr euch auf?
Michael: Was dieser Jesus wieder verlangt!
Judith: Das war nämlich so: ...

Jan: Ich frag mich bloß, was der junge Mann sich eigentlich erhofft.
Für immer mit Gott im Einklang – wie meint er das?
Judith: ...

Ergänzt das Gespräch an den freien Stellen.

Propheten des Alten Testaments verkündigen Worte und Bilder von Gottes besserer Welt.
Die Weisen aus dem Morgenland folgen dem Stern, um den „neuen König" zu finden.
Was erhoffen sie sich? Lest nach und gestaltet Bilder (Collagen) von Träumen:
Jesaja, Kapitel 42; Sacharja, Kapitel 9, Verse 9–12; Matthäus, Kapitel 2.

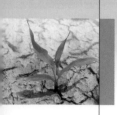

Traum, Hoffnung, Wirklichkeit

Im Zentrum der Träume, Hoffnungen und Verheißungen des Judentums steht Gottes Geschichte mit einer Stadt:

Jerusalem!

Dies ist's, was Jesaja, der Sohn des Amoz, geschaut hat über Juda und Jerusalem:

Es wird zur letzten Zeit der Berg, da des HERRN Haus ist,
fest stehen, höher als alle Berge und über alle Hügel erhaben,
und alle Heiden werden herzulaufen,
und viele Völker werden hingehen und sagen:
Kommt, lasst uns auf den Berg des HERRN gehen,
zum Haus des Gottes Jakobs,
dass er uns lehre seine Wege
und wir wandeln auf seinen Steigen!

Denn von Zion wird Weisung (hebräisch: Tora) ausgehen
und des HERRN Wort von Jerusalem.
Und er wird richten unter den Heiden
und zurechtweisen viele Völker.

Da werden sie ihre Schwerter zu Pflugscharen und ihre Spieße zu Sicheln machen.
Denn es wird kein Volk wider das andere das Schwert erheben,
und sie werden hinfort nicht mehr lernen, Krieg zu führen.
Kommt nun, ihr vom Hause Jakob, lasst uns wandeln im Licht des HERRN!

Jesaja, Kapitel 12, Verse 1–5

Nächstes Jahr in Jerusalem. Seit Jahrtausenden werden diese Worte weiter gegeben. Gerade in den Zeiten der Verfolgung wurde an dieser Hoffnung festgehalten.

Die Errichtung des modernen Staats Israel wird von vielen als Teil der Verwirklichung einer solchen Hoffnung gesehen. Bedenkt die Konflikte, die daraus erwachsen sind. Werfen sie Schatten auf den Traum? Kann man daraus lernen – über den Umgang mit Träumen?

 Sammle Material über Jerusalem (Reiseprospekte u.a.) und fertige daraus eine Collage, zum Beispiel rings um den Schriftzug oben auf dieser Seite – oder auf einem Plakat.

Träume verwirklichen

I have a dream ...

Ich habe einen Traum,

> dass eines Tages diese Nation
> sich erheben wird
> und der wahren Bedeutung ihres
> Bekenntnisses gemäß leben wird:

Wir halten diese Wahrheit für
selbstverständlich,
dass alle Menschen gleich erschaffen sind.

> dass meine vier kleinen Kinder eines Tages
> in einer Nation leben werden,
> in der man sie nicht nach ihrer Hautfarbe,
> sondern nach ihrem Charakter beurteilen wird.

> dass eines Tages jedes Tal erhöht
> und jeder Hügel und Berg erniedrigt wird...
> Und die Herrlichkeit des Herrn wird offenbar werden,
> und alles Fleisch wird es sehen.

Mit diesem Glauben werden wir fähig sein
zusammen zu arbeiten,
zusammen zu beten, zusammen zu kämpfen,
zusammen ins Gefängnis zu gehen,
zusammen für die Freiheit aufzustehen,
in dem Wissen,
dass wir eines Tages frei sein werden.

Martin Luther King

 Schau in einem Lexikon nach, wer Martin Luther King war, wann und wo er gelebt und wofür er sich eingesetzt hat!

Was ist aus seinem Traum geworden?

 Informiert euch, welche Gruppen sich in eurer Gemeinde für wen/was stark machen. Welche Aktivitäten außerhalb der Gemeinde werden von eurer Gemeinde unterstützt?

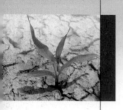

Dein Reich komme

Dein Reich komme!

 Hier kannst du zusammentragen, was die zweite Bitte des Vaterunsers für dich bedeutet. Überlege auch: Fällt Gottes Reich „vom Himmel"? Kann es wachsen? Aus der Erde ...? Wie können Gott und Mensch zusammen wirken?

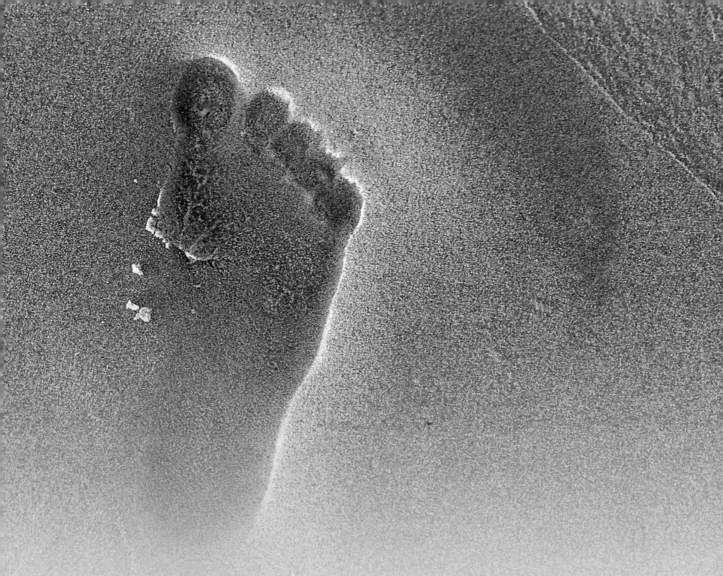

Weitergehen,
weil ich gesegnet bin

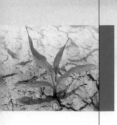

Stufen

Was siehst du auf dem Bild? Sieh genau hin –
dann entdeckst du immer mehr.

 Gib dem Bild einen Namen
und ein Motto.

Der Weg hinaus

Drei Konfirmandinnen haben diese Skulptur
aus Draht und Stein hergestellt.

 Beschreibe deinem Partner/
deiner Partnerin, was du siehst –
und lass dir von ihr/ihm eine
„Gegen"-Beschreibung geben.

 Überlegt gemeinsam:
Wenn ihr eine eigene Skulptur
„Der Weg hinaus" bauen wolltet –
wie würde sie aussehen?

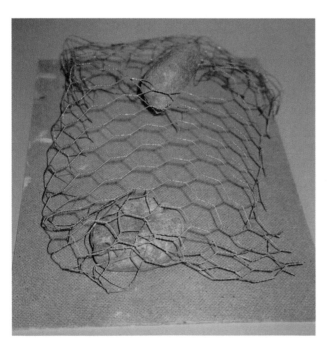

Mein Weg

Mein Leben – ein Fluss

Am Anfang
die Quelle.
Ursprung,
Geburt.
Losgesprudelt.
Dann gehüpft
über Steine.
Geplätschert,
gesickert.
Durch dick und dünn.

Der Bach wird zum Fluss.
Bleibt nicht allein.
Findet gemachte Betten,
bahnt neue Wege.
Hindernisse
werden weggespült.
Übersprungen.

Wo will ich hin?
Und münde
am Ende ...
ins Meer?

122

Worte, die den Lauf eines Flusses beschreiben, dazu die Überschrift „Mein Leben":
der Rest der Seite gehört dir. Willst du einen echten Fluss in eine Landschaft malen?
Oder dein Leben als Fluss: Geburt, Taufe, Kindheit, Einschulung, Begegnungen,
Veränderungen, Ziele?

Vergleicht eure Bilder und unterhaltet euch über die unterschiedlichen
Darstellungsformen.

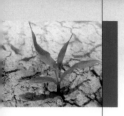

Ziele

 Stell dir vor, dass du fünf Jahre älter bist.
Wie soll dein Leben dann aussehen?

Wo willst du leben?

_____

Womit wirst du den größten Teil deiner Zeit verbringen?

_____

Wer soll dir dann nahe stehen?

_____

Was wirst du tun, zum Beispiel an einem ganz normalen Mittwoch?

_____

Was wird das Wichtigste in deinem Leben sein?

_____

Was ist der wesentliche Unterschied zu deinem Leben heute?

_____

Was wirst du dir dann wünschen?

_____

Ein Gebet für die Zukunft

 Beten heißt: Gedanken, die mir im Kopf herumgehen, weiterzuleiten an Gott.
Dabei werden sie zu Bitten oder zu Fragen.

Wenn ich an die Zukunft denke ...	bitte ich/frage ich Gott ...

Rituale

Rituale setzen Zeichen

Mit einer Haltung,
einer Berührung oder
einer Geste
machen Rituale deutlich,
was Worte allein
nicht sagen können.

Überlege, wie du andere begrüßt:
– Freund/Freundin
– Eltern/nahe Verwandte
– Mutters Chef

Probiert zu zweit verschiedene Begrüßungssituationen aus.
Spielt sie vor und lasst die Gruppe klären, was da geschieht und
was es bedeutet.

Der Konfirmationssegen – ein Ritual auf dem Weg in das selbstständige Leben

Bei der Feier der Konfirmation wird dir Segen zugesprochen.

Informiere dich über den Ablauf der Konfirmation. Fülle den Fragebogen aus.

Beim Einzug der Konfirmandinnen und Konfirmanden: Wo sind die Angehörigen und Eltern? Wo die zu konfirmierenden Jugendlichen?	
Wie wird der Segen zugesprochen?	
Wie wird der Segen empfangen?	
Wie geschieht der Auszug aus der Kirche nach der Konfirmation?	
Was ist für dich wichtig?	
Was findest du schön?	
Was stört dich?	

Klickt euch in konfiweb.de ein.
Da gibt es viele Infos rund um die Konfirmation.

Segen

Was heißt hier Segen?

Wenn Menschen Glück empfinden,
wenn überraschend etwas gelingt,
wenn eine bedrohliche Situation überwunden wird,
wenn mich in der Not der Mut nicht verlässt,
wenn ich Kraft finde, im Schweren eine Chance zu sehen
und das Böse gut zu machen –
Segen, sagen wir. Was für ein Segen!

Segen ist viel. Segen ist:

- In der guten Kraft Gottes leben.
- Etwas von Gottes Reichtum erfahren.
- Hoffnung schöpfen aus Gottes Güte.
- _____
- _____
- _____

Schreibe hinzu:
Zwei Kurzformeln, die
dir andere sagen;
deine eigene Kurzformel.

Segnen und gesegnet werden in der Konfirmation

– Knien
– Stehen
– Hände falten
– Hände auf den Kopf eines anderen legen
– Ein Segenswort sprechen
– Taufwasser über den Kopf eines anderen gießen
– Ein Kreuz machen
– Hände schütteln
– Am Altar beten

Was davon macht die segnende Person – was macht die Person,
die gesegnet wird? Und was hat mit der Segnung nichts zu tun?
Markiere in verschiedenen Farben.

Das Segenswort meiner Konfirmation

1) Als Jesus zwölf Jahre alt ist, beginnt er seiner eigenen Berufung
   zu folgen. Lies die Geschichte bei Lukas, Kapitel 2, Verse 41–52.
2) Bei seinem Aufbruch aus dem vertrauten Zuhause wird
   Abraham Segen zugesprochen. Lies 1 Mose, Kapitel 12, Verse 1–3.

Glaubensmündig

Konfirmandinnen und Konfirmanden werden gefragt

Liebe Konfirmandinnen und Konfirmanden!

Ihr seid getauft auf den Namen des Dreieinigen Gottes.
Bei eurer Taufe haben Eltern, Paten und Gemeinde den christlichen
Glauben bekannt.
In der Konfirmationszeit haben wir gefragt und erfahren, was es bedeutet,
(getauft zu sein und) an Jesus Christus zu glauben.
Wir haben es so gesagt:

Gott hat mein Leben gewollt.
Gott ist wie Jesus.
Er ist für mich da, was immer geschieht.
Auf ihn kann ich mich verlassen.
Gottes Geist hilft mir weiter, wenn ich am Ende bin.
Gottes Geist macht mich mutig.
Ich kann Jesus nachfolgen.

*An dieser Stelle wird mit der Gemeinde das Glaubensbekenntnis gesprochen;
anschließend werden die Konfirmandinnen und Konfirmanden gefragt:*

Wollt ihr in diesem Glauben bleiben und wachsen, so antwortet:
Ja, mit Gottes Hilfe.

Aus einem Konfirmationsgottesdienst (Beispiel)

Diese Worte sind ein Versuch, kurz und trotzdem umfassend auszudrücken,
wozu wir bei der Konfirmation Ja sagen: Ja, ich will mich auf meinem Weg
unter den Segen Gottes stellen. Es sind allgemeine Worte, die man sich
leihen kann, wenn es einem selbst schwer fällt, passende Worte zu finden.

 Blättere in deinen Unterlagen, erinnere dich, was du entdeckt,
worüber du nachgedacht und dich gewundert hast, was dir wichtig
geworden ist in deiner Konfirmandenzeit.
Fasse es in kurze, klare Sätze oder in Gedankensplitter.

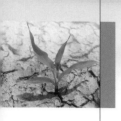

Das jüdische Fest der religiösen Mündigkeit

Das Wort ergreifen

Frederik und Samuel sind Freunde. Dass Frederik Christ ist und Samuel Jude,
das merken sie besonders, wenn es darum geht, Feste zu feiern.

Frederik: Zu meiner Konfirmation kommen jede Menge Verwandte.
Samuel: Zu meiner Bar-Mizwa-Feier auch.
Frederik: Bar Mizwa?
Samuel: Du wirst konfirmiert. Da sagst du Ja zu deiner Taufe und wirst für deinen Lebensweg
          gesegnet. Ich feiere meine Bar Mizwa. Von da an darf ich im Gottesdienst aus der Tora lesen.
Frederik: *Darfst?*
Samuel: Es ist schon etwas Besonderes. Bedenke: Gottes Wort in den Mund zu nehmen –
          vor der ganzen Gemeinde!

Ablauf einer Bar-Mizwa-Feier

Samuel trägt den *Tallit,* den Gebetsmantel,
der eigentlich ein großer weißer Schal
mit langen Fransen ist.
Dazu hat er eine neue *Kippa,*
ein Gebetskäppchen,
das mit Goldfäden bestickt ist.
Um den linken Arm und den Kopf
trägt er Gebetsriemen,
die *Tefillin.*

In der Synagoge wird er aufgerufen,
vor der versammelten Festgemeinde
aus der Tora vorzulesen.
Er geht die Stufen der *Bima,* des
Lesepults, hoch, nimmt
den silbernen *Jad,* den Lesefinger,
und liest – auf Hebräisch.
Eigentlich ist das kein Lesen,
sondern eher ein Singen.

Anschließend wird gefeiert.
Samuel hält eine Rede.
Das ist so üblich. Er zeigt damit,
dass er nun erwachsen ist.

Eine Festrede vor Verwandten ... –
Was würdest du sagen?

Meine Konfirmation

Mein Konfirmationsspruch

Bei der Konfirmation wird dir ein Geleitwort aus der Bibel mit auf
den Weg gegeben.
Es wird vor der Einsegnung für dich gelesen. Hier ist Raum, es vorher
oder nachher einzutragen:

Meine Konfirmationsfeier

Überlege vor dem Fest:

– Wer soll unbedingt dabei sein?

– Was soll es unbedingt zum Essen geben?

– Was möchtest du auf jeden Fall vermeiden?

– Wie soll der Tag nach dem Gottesdienst
  ablaufen?

Mein größter Wunsch für den Tag der Konfirmation

Ich hoffe, dass...

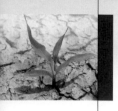

Konfirmiert

Mein Konfirmationsfoto

Wünsche meiner Gäste für mich...

Meine schönste Erinnerung

Glossar

Wenn du hinter einem Wort dieses Zeichen (→) siehst, findest du zu dem Stichpunkt weitere Erläuterungen.

Abendmahl: In der Nacht vor seiner Gefangennahme lud Jesus seine Jünger (→) zu einem Festmahl mit Brot und Wein ein. Er bezeichnete Brot und Wein als seinen Leib und sein Blut. Wann immer Christen im Auftrag Jesu gemeinsam das Sakrament (→) des Abendmahls feiern, gedenken sie des letzten Mahls Jesu mit seinen Jüngern: Sie erfahren Jesu Gegenwart, haben teil an seinem Leiden und Sterben und bekommen Vergebung der Sünden zugesprochen.

Abkündigungen: Am Anfang oder am Ende des Gottesdienstes wird über aktuelle Ereignisse in der Gemeinde informiert, insbesondere über Todesfälle, Taufen, Trauungen der vergangenen Woche, Veranstaltungen, Termine der kommenden Woche(n) sowie über Kollektenzweck und -ergebnis.

ACK: Abkürzung für Arbeitsgemeinschaft Christlicher Kirchen.

Altar: Im Alten Testament (→) erhöhte Opferstätten. Heute steht in jeder christlichen Kirche der „Tisch des Herrn" zur Feier des Heiligen Abendmahls (→).

Altes Testament (AT): Die Bibel wird unterteilt in das Alte und das Neue Testament (→). Das AT umfasst die Geschichte des Volkes Israel mit JHWH (→); es enthält u.a. die Schöpfungs- und Sintflutgeschichte, Vätergeschichten, Erzählungen über den Auszug aus Ägypten, die Landnahme, über Richter und Könige sowie Psalmen (→) und Weisheitsbücher, Prophetenbücher (→).

Amen (hebräisch: So sei es): Bestätigender Zuruf der Gemeinde in der Liturgie (→), am Ende eines Gebets oder des Glaubensbekenntnisses (→).

Anglikanische Kirchengemeinschaft: Weltweite Gemeinschaft von bischöflichen Kirchen, die den Erzbischof von Canterbury (England) als ihr geistliches Oberhaupt anerkennen. Die A.K. steht im Gespräch mit anderen Kirchen der Reformation sowie mit der römisch-katholischen Kirche.

Apostel: Männer, die Jesus um sich sammelte und dann zur Verkündigung des Evangeliums (→) aussandte. Nach Jesu Auferstehung verbreiteten sie als Zeugen der Auferstehung das Evangelium und gründeten Gemeinden. Durch seine Begegnung mit dem auferstandenen Jesus wurde auch Paulus (→) ein Apostel.

Apostolisches Glaubensbekenntnis: Die gemeinsame Vereinbarung über das, was im christlichen Glauben verbindlich gilt. Sein Ursprung ist in Taufformeln der frühen Kirche zu suchen. Wer getauft wurde, wurde auf den gemeinsamen, einen und klar bestimmten Glauben jener Kirche getauft, die sich auf das Zeugnis der Apostel (→) beruft. Heute wird das Apostolische Glaubensbekenntnis in fast jedem Gottesdienst von der ganzen Gemeinde gesprochen.

Auferstehung: Der Urbekenntnis der Christen lautet: *Jesus ist auferstanden* oder, anders formuliert: *Gott hat Jesus auferweckt von den Toten.* Durch seinen Sieg über den Tod hat Jesus die Hoffnung gegeben, dass mit dem Tod nicht alles vorbei ist.

Baptisten: Anhänger einer im 17. Jahrhundert entstandenen freikirchlichen Gemeindebewegung mit Erwachsenentaufe. Alleinige Richtschnur für Glaube, Gemeindeordnung und Leben ist die Bibel.

Bar Mizwa (hebräisch: Sohn der Pflicht): Der jüdische Junge, der mit vollendetem 13. Jahr als *religionsmündig* in die Gemeinde eingeführt wird. Die Feier in der Familie trägt den gleichen Namen.
Entsprechend heißt ein religionsmündiges Mädchen Bat Mizwa, „Tochter der Pflicht".

Beichte: Gewissenserleichterung, persönliches Schuldbekenntnis. In der katholischen Kirche auch praktiziert als *Ohrenbeichte* vor einem Beichtvater, der zum Beichtgeheimnis verpflichtet ist. In der evangelischen Kirche geht oftmals die allgemeine Beichte der Abendmahlsfeier (→) im Gottesdienst voraus.

Buddhismus: Eine in vielen Formen (vor allem) in Asien verbreitete Weltreligion mit Wiedergeburtslehre, die sich auf den 480 vor Christus gestorbenen indischen Religionsstifter Buddha beruft. Der Mensch ist Mitte und Ursache des Heilsweges. Hauptaugenmerk gilt der Überwindung des Leidens. Durch Selbstzucht, geistig-religiöse Übungen, durch Gewaltlosigkeit, mitleidige Liebe und Enthaltsamkeit kann dem Menschen seine Erlösung selbst gelingen.

Calvinismus: Von dem Schweizer Theologen und Juristen Johannes Calvin (1509–1564) gegründete reformatorische Richtung, die vor allem in den Mitgliedskirchen des Reformierten Weltbunds (RWB) (→) weiterlebt. Der C. ist geprägt von Calvins *Prädestinationslehre* (Lehre von der Auserwählung und

Vorherbestimmung). Er unterscheidet sich von der katholischen und der lutherischen Konfession (→) insbesondere in der Auffassung vom Abendmahl (→). Der reformierte Christ empfängt Wein und Brot im Gedächtnis an das letzte Abendmahl Jesu mit seinen Jüngern; Jesus ist „nur" geistlich anwesend.

Credo (lateinisch: ich glaube): Mit diesem Anfangswort wird das ganze Apostolische Glaubensbekenntnis (→) bezeichnet.

EKD: Abkürzung für Evangelische Kirche in Deutschland. Dies ist der zunächst 1948, dann weitergehend 2003 erfolgte Zusammenschluss aller 23 evangelischen (→) Landeskirchen, d.h. der lutherischen (→VELKD), der reformierten (→)und der unierten Landeskirchen.

Evangelien: So werden die vier ersten neutestamentlichen (→) Berichte über Leben, Wirken, Sterben und Auferstehung Jesu genannt (Matthäus, Markus, Lukas, Johannes).

Evangelisch: Kennzeichnung der Kirchen, die aus der Reformation (→) hervorgegangen sind.

Evangelium (griechisch: die gute Botschaft): Die gute Botschaft von dem, was Gott den Menschen durch seinen Sohn Jesus Christus, durch dessen Tod und Auferstehung geschenkt hat.

Fürbitte: Liturgisches (→) Gebet im Gottesdienst, das mehrere Gebetsanliegen für das Wohl der Gemeinde (auch einzelner Gemeindeglieder), für das Wohl der Kirche, der Politik, der Gesellschaft vor Gott bringt.

Glaubensbekenntnis: (→) Credo und Apostolisches Glaubensbekenntnis

Heiliger Geist: Neben Gott Vater und Sohn ist der Heilige Geist die dritte „Person" der göttlichen Dreieinigkeit. Durch das Wirken des Heiligen Geistes entsteht Glaube. Nach Jesu Himmelfahrt wurde der Heilige Geist in die Welt gesandt. Dieses Ereignis feiert die Kirche jedes Jahr neu im Pfingstfest (→).

Heilsarmee: Eine aus der von W. Booth 1865 gegründeten Ostlondoner Zeltmission 1878 hervorgegangene Gemeinschaft, die sich der Rettung Verwahrloster sowie dem „Kampf gegen das Laster" (vor allem den Alkoholmissbrauch) widmet und sich um Arbeitslose kümmert. In Deutschland gibt es über 12000 Mitglieder.

Hinduismus: Oberbegriff für die indischen Religionen. Ihm gehören etwa 650 Millionen Menschen an. Er fasst einander verwandte Glaubensrichtungen in Indien, Pakistan und Bangladesch zusammen. Verbindendes Element ist die Vorstellung eines immer wiederkehrenden Kreislaufs der Welt. Jeder Mensch ist von göttlichem Ursprung beseelt und in den Kreislauf der Welt eingebunden. Auf den Tod folgt die Wiedergeburt in anderer Gestalt und „Stufe": als Mensch in einer hohen oder niederen *Kaste* (d.h. Gesellschaftsschicht) oder auch als Tier. Diese „Einstufung" ist abhängig vom *Karma,* einer Art Lebenskonto, auf dem gute und schlechte Taten angesammelt werden, d.h. die Lebensbedingungen der Gegenwart hängen davon ab, wie man sich im vergangenen Leben bewährt hat. Da Tiere die Wiedergeburten von Menschen sein können, gilt die Schonung alles Lebendigen als höchstes Gebot. Alles Bemühen um ein gutes Leben zielt auf die Erlösung von dem ewigen Kreislauf durch die endgültige Vereinigung mit der höchsten Gottheit.

Islam (arabisch: völlige Hingebung): Von Mohammed zwischen 610 und 632 gegründete jüngste Weltreligion. Seine Gläubigen – weltweit etwa 1 Milliarde Menschen – nennen sich Muslime. Allah ist der Gottesname des Islams. Mohammed (etwa 570–632) – so lehrt es der Islam – hat als letzter großer Prophet (→) die Worte Allahs offenbart bekommen. Sie sind im Koran, der heiligen Schrift des Islams, aufgeschrieben. Fünf Säulen stützen das Leben eines Muslim: 1. das Glaubensbekenntnis, 2. das tägliche fünfmalige Gebet, 3. das Almosengeben, 4. das Fasten im Ramadan (→) und 5. mindestens einmal im Leben die Wallfahrt (Hadsch) nach Mekka zur Kaaba, dem zentralen Heiligtum des Islams. Die Moschee (→) ist die Stätte des Gebets und der Lehre. Aus altorientalischem Brauchtum übernahm der Islam die Beschneidung und den Frauenschleier. Im Islam gilt die christliche Lehre von der Dreifaltigkeit von Vater, Sohn und Heiligem Geist als ein Irrglaube an „drei Götter". Der Islam betont demgegenüber die Einmaligkeit Allahs. Dennoch würdigt der Koran Jesus als großen Propheten Allahs.

JHWH (hebräisch): In der hebräischen Bibel (weitgehend identisch mit unserem Alten Testament (→)) sehr häufig verwendeter Gottesname. Im Hebräischen werden nur Konsonanten geschrieben; wir kennen heute die historische Aussprache des Gottesnamens JHWH nicht mehr; deshalb verwenden wir das Tetragramm JHWH. Aus Ehrfurcht sprechen gläubige Juden den Gottesnamen nicht aus, sondern wählen Worte wie z.B. *Adonai* (mein Herr). Den Gottesnamen JHWH erfährt und verbreitet Mose. In 2 Mose 3,14 wird der Name gedeutet als: *Ich bin, der ich bin* oder *Ich bin der Ich-bin-da*.

Judentum: Bezeichnung für die Religion des Volkes Israel. Im J. ist der religiöse Bereich untrennbar mit dem öffentlichen Leben verbunden. Das J. ist die älteste monotheistische (ein einziger Gott!) Religion und die Mutterreligion von Christentum und Islam (→). Merkmale der Rechtgläubigkeit sind das Bekenntnis zu JHWH (→), die Anerkennung der Tora (→) und die toragemäße Verwirklichung des Gotteswillens. JHWH hat in Abraham das Volk Israel zu seinem Volk erwählt.

Jünger: Ursprünglich die zwölf Apostel (→), die Jesus berufen hat, ihm nachzufolgen. Darüber hinaus sind es aber alle Menschen, die Jesus nachfolgen, um nach seinen Worten und Taten zu leben.

Kanzel: Der künstlerisch zumeist besonders gestaltete erhöhte Standort in der Kirche für den Prediger.

Katechismus: Ein in Frage und Antwort abgefasstes Lehrbuch des Glaubens für den Konfirmandenunterricht. 1529 entstand Martin Luthers *Kleiner Katechismus* mit den fünf Hauptstücken: Die 10 Gebote, das Glaubensbekenntnis (→ Apostolisches Glaubensbekenntnis; Credo), das Vaterunser, das Sakrament der Heiligen Taufe (→) und das Sakrament des Heiligen Abendmahls (→).

Katholisch: Seit dem 3. Jahrhundert bezeichnet *katholisch* die die ganze Erde umfassende Kirche im Gegensatz zur irrgläubigen oder abgespaltenen Kirche. Heute spricht man von der römisch-katholischen Kirche zur Unterscheidung von den Kirchen der Reformation (s. lutherisch und reformiert).

Katholische Kirche ist die konfessionelle (→) Bezeichnung der vom Papst in Rom zentral geleiteten Weltkirche. Nach ihrem Selbstverständnis ist die römisch-katholische Kirche die von Jesus Christus gestiftete Gemeinschaft der Gläubigen; sie versteht sich als die *einzige* Kirche Christi.

KEK: Abkürzung für Konferenz Europäischer Kirchen.

Konfession (lateinisch: Bekenntnis): Mündlicher oder schriftlicher Ausdruck des Glaubens. Die aus der Reformation hervorgegangenen Kirchen gliedern sich in verschiedene Konfessionen: die Lutheraner, die in anderen Ländern auch Kirchen der „Augsburger K." genannt werden (nach der wichtigsten lutherischen Bekenntnisschrift, der Augsburger K.), die Reformierten (Anhänger Zwinglis und Calvins) und die Unierten (Vereinigten).

Konfuzianismus: Eine auf Leben und Lehren des Konfuzius (551–479) beruhende weltanschauliche und staatspolitische Geisteshaltung in China und Ostasien. Zentrales Anliegen des Konfuzianismus ist die Verankerung des Einzelnen sowie der Familie und des Staates im Prinzip der allgemeinen Menschlichkeit, die sich in den 5 konfuzianischen Kardinaltugenden verwirklicht: 1. gegenseitige Liebe, 2. Rechtschaffenheit, 3. Weisheit, 4. Sittlichkeit und 5. Aufrichtigkeit. Außerdem gelten drei unumstößliche Beziehungsweisungen: Der Sohn hat sich dem Vater unterzuordnen, die Frau dem Mann und das Volk dem Herrscher.

Konkordanz (lateinisch: Übereinstimmung): Alphabetisches Verzeichnis von Wörtern zum Vergleich ihres Vorkommens und Sinngehaltes an verschiedenen Stellen eines Buches, z.B. der Bibel.

Küster: Küster oder Küsterin kümmert sich um die Pflege der kirchlichen Gebäude und Grundstücke, bereitet den äußeren Rahmen der Gottesdienste vor, läutet die Glocken und sorgt für Ordnung und sachgemäßen Ablauf im Gemeindehaus. Andere Bezeichnungen sind *Kirchendiener, Mesner, Messner* sowie die entsprechenden weiblichen Formen.

Landeskirche: Gebietsbezogene Organisationsform der evangelischen Kirchen mit je eigenem Bekenntnisstand. Die 23 Landeskirchen in Deutschland sind in der EKD (→) zusammengeschlossen. Die Gebiete entsprechen vielfach den Herrschaftsgebieten von ehemaligen Königen, Herzögen und Fürsten, da diese die Konfession (→) ihrer Untertanen bestimmen konnten.

Liturgie: Eine feste, meist schriftlich fixierte Gottesdienstordnung, die die tätige und gemeinsame Teilnahme aller Gottesdienstbesucher umreißt. Die Liturgie in unseren lutherischen Kirchen richtet sich in der Regel nach dem Evangelischen Gottesdienstbuch bzw. nach den Agenden.

Lutherische Kirchen sind weltweit die durch die Reformation (→) Martin Luthers (1483–1546) entstandenen Kirchen lutherischen Bekenntnisses. Sie sind zumeist im LWB (→) zusammengeschlossen. Die meisten lutherischen Kirchen in Deutschland sind Gliedkirchen der EKD (→) und sind in der VELKD (→) zusammengeschlossen.

LWB: Abkürzung für Lutherischer Weltbund, eine 1947 gegründete internationale Vereinigung lutherischer Kirchen mit Sitz in Genf. Der LWB umfasst 136 Mitgliedskirchen weltweit mit ungefähr 66 Millionen Gemeindegliedern.

Messias (hebräisch: Gesalbter): Im Alten Testament (→) - wenn es einen *König* bezeichnet - der verheißene Erlöser und Befreier. Die griechische Übersetzung des Titels ist *Christus*. Im Neuen Testament (→) Beiname Jesu. Für das Christentum ist Jesus von Nazareth der verheißene Messias.

Methodisten: Mitglieder der evang.-methodistischen Kirche, die als Erneuerungsbewegung im 18. Jahrhundert in England innerhalb der anglikanischen Kirche entstand.

Mönch: Angehöriger eines geistlichen Ordens, der in klösterlicher Gemeinschaft mit „Brüdern in Christus" nach bestimmten Verhaltensregeln lebt (z.B. Gehorsam, Armut, sexuelle Enthaltsamkeit). Ein Mönch stellt sein Leben ganz in den Dienst der Kirche, der Nachfolge Jesu und der Ausbreitung eines lebendigen Glaubens.

Moschee (arabisch: Ort, an dem man sich niederwirft): Kultgebäude des Islams (→), das Zentrum des religiösen und politischen Lebens der Muslime (→). Zu einer Moschee gehören ein Brunnen für rituelle Waschungen, ein überdachter Betsaal mit Gebetsnische, die die Richtung nach Mekka angibt, und ein oder mehrere Minarette (Türme).

Muslim, Moslem: Anhänger des Islams (→).

Neues Testament (NT): Das NT ist der zweite Teil der Bibel (s. Altes Testament). Es enthält Berichte über das Leben und Wirken, die Worte und Taten, den Tod und die Auferstehung Jesu Christi sowie über die Geschichte und die christliche Verkündigung der Urgemeinde (hier insbesondere durch die Briefe des Apostels Paulus (→) an die von ihm gegründeten Gemeinden).

Ökumene/Oikoumene (griechisch: die bewohnte Erde): Die moderne ökumenische Bewegung entstand Ende des 19. und Anfang des 20. Jahrhunderts, als Christen begannen, über konfessionelle Grenzen hinweg gemeinsam zu beten und zusammenzuarbeiten. Seither haben sich immer mehr Kirchen auf allen Kontinenten dem Bemühen um Verwirklichung der Einheit der Christen angeschlossen. Sie haben neue Brücken über alte Gräben gebaut, die Gläubige voneinander getrennt haben. Die ökumenische Bewegung fördert Zusammenarbeit und Miteinanderteilen sowie gemeinsames Zeugnis und Handeln der Kirchen. Sie will die Kirchen durch Aktivitäten und Netzwerke von Geistlichen und Laien und insbesondere Frauen und jungen Menschen erneuern.

ÖRK: Abkürzung für Ökumenischer Rat der Kirchen. 1948 in Amsterdam gegründet (147 Kirchen aus 44 Ländern nahmen an der Gründungsversammlung teil), bemüht sich der ÖRK u.a. darum, die Ziele der ökumenischen Bewegung zu fördern. Zu den Mitgliedskirchen des ÖRK gehören heute fast alle orthodoxen Kirchen (→) in der ganzen Welt, viele Kirchen aus den historischen Traditionen der Reformation wie Anglikaner, Baptisten, Lutheraner, Methodisten und Reformierte, sowie eine große Zahl vereinigter und unabhängiger Kirchen. Die weltweit größte christliche Kirche, die römisch-katholische Kirche, ist nicht Mitglied des ÖRK, arbeitet aber seit mehr als drei Jahrzehnten eng mit dem Rat zusammen. Ziel des Ökumenischen Rates der Kirchen ist es, die Gemeinschaft zwischen den christlichen Kirchen zu vertiefen. Dadurch werden die praktischen Grundlagen dafür geschaffen, dass die Kirchen gemeinsam den apostolischen Glauben bekennen können, dass sie in der Mission und in humanitären Hilfsprogrammen zusammenarbeiten.

Orthodoxe Kirchen: Zu den orthodoxen Kirchen gehören alle christlichen Kirchen, die nach der endgültigen Teilung des römischen Reiches (395) in der Osthälfte gegründet wurden. Seit 1054 sind sie von der römisch-katholischen Kirche getrennt. Es gibt mehrere voneinander unabhängige orthodoxe Kirchen, die sich jedoch in Bekenntnis und Liturgie verbunden fühlen.

Ostern: Als Fest der Auferstehung Jesu Christi ist es das herausragende Fest der Christen. Die frühchristlichen Gemeinden feierten den Tag der Auferstehung an jedem Sonntag. Erst das Konzil von Nicäa (325) legte den bis heute gültigen Ostertermin auf den ersten Sonntag nach dem ersten Vollmond nach Frühlingsbeginn fest.

Passahfest/Pessach (hebräisch): Es ist das jährliche jüdische Erinnerungsfest an die Befreiung des Volkes Israel aus der Knechtschaft in Ägypten.

Passion: Die Passion Christi ist die in allen vier Evangelien (→) überlieferte Leidensgeschichte Jesu, die mit seiner Verhaftung im Garten Gethsemane beginnt und mit seinem Tod am Kreuz endet.

Paulus (ca. 10–67): Auch *Saulus*, verfolgte als römischer Staatsbürger und Pharisäer (→) im Auftrag des Hohen Rates die in Damaskus lebenden Christen mit aller Härte. Eine Christuserscheinung mit Bekehrung und Berufung zum Apostel (→) veränderte sein Leben von Grund auf. Er gründete viele christliche Gemeinden auch in Griechenland und Kleinasien. Seine Briefe an diese Gemeinden (z.B. an die Römer, an die Korinther, die Galater, die Philipper und die Thessalonicher) sind ein wesentlicher Bestandteil des Neuen Testaments (→).

Perlen des Glaubens: Ein Armband mit 18 Perlen, das die wichtigsten Themen des Lebens und des Glaubens „begreifbar" macht. Wie die Gebetsbänder anderer Religionen kann es beim Beten oder Meditieren verwendet werden.

Pfingsten: Die christlichen Kirchen feiern am 50. Tag nach Ostern (→) das Pfingstfest. Gefeiert wird das Kommen und Wirken des Heiligen Geistes (→). Gott sendet den Heiligen Geist in die Welt, um Glauben zu bewirken, damit Person, Wort und Werk Jesu Christi lebendig bleiben.

Pharisäer (hebräisch: die Abgesonderten): Jüdische Gruppierung, die aus Schreiberkreisen hervorgegangen ist. Zu ihren Grundüberzeugungen gehörten u.a. die Heiligkeit Gottes, die Treue zu Gott, das Fernhalten von Sünden, das Festhalten an seinen Geboten, die Eigenverantwortlichkeit des Menschen, der Glaube an die Auferstehung der Toten. Nach ihrer Auffassung ist Gott überall und kann deshalb überall angebetet werden. Die Ph. haben sich um eine Aktualisierung der Tora (→) bemüht. Auch wenn im Neuen Testament (→) zuweilen gegen die Ph. polemisiert wird, ist heute allgemein anerkannt, dass Jesus in seinen religiösen Überzeugungen gerade den Pharisäern besonders nahe stand.

Presbyterium: Kirchenvorstand. Die *Presbyter* oder *Kirchenvorsteher*, auch Kirchenälteste genannt, werden von allen wahlberechtigten Gemeindegliedern zur Leitung der Gemeinde gewählt. Sie arbeiten ehrenamtlich. Als Dienstgemeinschaft verantwortet das Presbyterium zusammen mit dem Pfarrer/der Pfarrerin die geistliche und rechtliche Leitung der Gemeinde und ihre Verwaltung.

Prophet: Von Gott beauftragter und bevollmächtigter Übermittler der Botschaft vom kommenden Unheil oder Heil, die sich jeweils auf eine bestimmte politische, gesellschaftliche oder persönliche Situation bezieht. Das AT (→) schreibt beispielsweise den Propheten Jesaja, Jeremia, Micha auch Zukunftsvisionen einer heilen Welt zu, die das Einlösbare bzw. bis heute Eingelöste weit überschreiten. Es bleibt ein Hoffnungsüberschuss hinsichtlich des noch ausstehenden Reichs Gottes.

Protestantismus: Die konfessionelle (→) Bezeichnung für alle aus der Reformation (→) hervorgegangenen Kirchen. Als Lehre des Protestantismus gelten wesentliche theologische Aussagen wie: Der Mensch ist, aus eigener Kraft, nicht *ohne Schuld* vor Gott und Mensch – seine Rechtfertigung geschieht allein durch Christus, allein aus Gnade und allein durch den Glauben. Die Bibel ist das einzige gültige Offenbarungszeugnis. Es gilt das allgemeine Priestertum aller Gläubigen, d.h.: Jeder glaubende Getaufte darf und soll den Glauben weitersagen und ausüben.

Psalmen sind religiöse Gedichte oder Lieder, die menschliche Grundhaltungen vor Gott ausdrücken: Dankbarkeit, Anklage, Lob, Bitte, Vertrauen etc. Am bekanntesten sind die 150 Psalmen im Alten Testament (→). Sie sind seit der Königszeit (1000 vor Christus) in Israel entstanden und dienen noch heute dem Judentum (→) und dem Christentum als Gebetbuch.

Rabbi (hebräisch: mein Meister/Herr)/**Rabbiner:** „Rabbi" wird zur Zeit Jesu als Gelehrtentitel verwendet; an manchen Stellen des Neuen Testaments (→) wird auch Jesus so angesprochen. Die Bezeichnung Rabbiner wird heute für Personen verwendet, die eine jüdische Gemeinde leiten, die lehren und predigen; darüber hinaus haben sie auch richterliche Befugnisse.

Ramadan: Der 9. Monat des islamischen (→) Mondkalenders. Es ist der Fastenmonat der Muslime, in dem alle erwachsenen Gläubigen von Sonnenaufgang bis Sonnenuntergang weder essen noch trinken noch rauchen dürfen. Da in der Nacht nicht gefastet wird, wird nach Einbruch der Dunkelheit oft festlich gespeist.

Reformation (lateinisch: Neugestaltung): Die durch Martin Luther (1483–1546) ausgelöste, dann auch von anderen Reformatoren, wie Ulrich Zwingli und Johannes Calvin, mitgetragene christliche Erneuerungsbewegung hatte das Ziel, die katholische Kirche (→) zu reformieren, führte dann aber zur Bildung der evangelischen Kirchen (→) und damit zu einer Spaltung der Kirche des Westens. Zu den wesentlichen reformatorischen Glaubensaussagen gehören der Zuspruch der Vergebung der Sünden aus dem Glauben an Jesus Christus allein sowie das Priestertum aller Gläubigen. Für die Reformatoren galt die Heilige Schrift als einzig gültiges Offenbarungszeugnis, auch lehnte man die meisten Sakramente (→) der römisch-katholischen Kirche (→) ab, ebenso die unfehlbare päpstliche Autorität. Die rasche Ausbreitung der reformatorischen Ideen führte 1555 im „Augsburger Religionsfrieden" zur Anerkennung der „Augsburger Konfession". Damit war die religiöse Spaltung vollzogen.

Reformierte Kirchen sind Konfessionsgemeinschaften (→), deren Entstehung vor allem auf die Reformatoren Ulrich Zwingli und Johannes Calvin im 16. Jahrhundert zurückzuführen ist (s. Calvinismus). Für die Lehre und Gemeindeordnung sind die ab 1530 verfassten Bekenntnisschriften, vor allem der „Heidelberger Katechismus" (1563) maßgeblich, aus neuerer Zeit die „Barmer Theologische Erklärung" von 1934. Die Reformierten Kirchen sind weltweit im RWB (→)zusammengeschlossen.

Ritual: Ein religiöser (Fest-)Brauch, der sich nach festgelegter Ordnung in Worten, Zeichen, Bewegungen und Handlungen abspielt.

RWB: Abkürzung für Reformierter Weltbund, ein 1877 in Edinburgh gegründeter Zusammenschluss aller evangelischen Kirchen, die auf die Reformation von Johannes Calvin und Ulrich Zwingli zurückgehen. Die in Genf sitzende Organisation umfasst ca. 120 Gliedkirchen und vertritt etwa 60 Millionen Mitglieder.

Sabbat (hebr. Schabbat: Ruhen): Der 7. Tag der Woche (Sonnabend) und der Schöpfung. Ruhetag zur Erinnerung an das Ruhen Gottes nach der Erschaffung der Welt und an Israels Befreiung aus Ägypten. Der Tradition nach gilt der S. als Tag der Ruhe, des Studiums, der Freude und des Friedens. Das 6. Gebot, das Arbeitsverbot und andere Verbote dienen dazu, die Heiligkeit des S. zu bewahren. Die Feier des Sabbat ist ein Zeichen des Bekenntnisses zu JHWH (→).

Sakrament (lateinisch: Heiliges): Das Sakrament ist ein von Jesus Christus eingesetztes sichtbares Zeichen, das zusammen mit dem dazu gehörigen gesprochenen Wort den Menschen die Gnade Gottes weitergibt.
Die beiden von Jesus gestifteten und von den reformatorischen Kirchen anerkannten Sakramente sind die *Taufe* (→) und das Heilige *Abendmahl* (→). Die römisch-katholische Kirche kennt daneben fünf weitere Sakramente: Firmung, Buße (Umkehr), Krankensalbung, Ordination (Priesterweihe) und Ehe.

Schema (Sch'ma) Israel (hebräisch): Beginn des Schriftverses „Höre, Israel, der Herr, unser Gott, der Herr ist einer/einzig." (5 Mose 6,4ff.); Bekenntnis der Juden zur Einheit und Einzigkeit Gottes.

Synagoge: Der gottesdienstliche Versammlungsort der jüdischen Gemeinde, Zentrum des religiösen und sozialen Lebens der Juden.

Taoismus: Religiös-philosophische Richtung in China, als deren Begründer *Laotse* gilt, eine Volksreligion mit Ahnenkult und Geisterglauben, die den Menschen zur Einordnung in die Harmonie der Welt anleitet.

Taufe: Die Taufe ist das Sakrament (→), durch welches der Täufling in die Gemeinschaft der Gläubigen aufgenommen wird. Die christliche Taufe gilt als von Jesus eingesetzt (Mt 28,18–20), der seinerseits von Johannes dem Täufer getauft wurde (Mk 1). Die johanneische Taufe war ein Bußbad: Alles Falsche und Schlimme, was der Täufling getan hat bzw. wozu ein Mensch fähig ist, wird abgewaschen; ein reiner, neuer Mensch entsteigt dem Wasser. Die christliche Taufe knüpft ein lebenslanges Band zwischen Christus/Gott und dem Täufling; sie ist Segen, Annahme und Bekenntnis. Seit dem 2. Jahrhundert ist es üblich, Säuglinge zu taufen. Dabei entscheiden die Eltern stellvertretend für ihr Kind über seine Kirchenzugehörigkeit. Eltern und Taufpaten übernehmen die Verpflichtung, die christliche Erziehung des

Kindes zu sichern. Eine gültige Taufe darf nicht wiederholt und kann nicht widerrufen werden.

Tora (hebräisch: Lehre, Unterweisung): Im biblischen Sprachgebrauch Lehre oder Unterweisung, auch Bezeichnung für Gesetzessammlungen. Im engeren Sinn umfasst die Tora die Mose am Sinai übergebene Offenbarung Gottes und die fünf Bücher Mose. Diese gelten als Heilige Schrift des Judentums. Die Gabe der Tora ist Zeichen nicht nur der Erwählung, sondern auch der Verpflichtung des Volkes Israel. Die fünf Bücher Mose sind für den Gebrauch im Gottesdienst von Hand auf Pergamentrollen geschrieben. Die Torarollen werden in einem eigenen Toraschrank aufbewahrt und genießen im Judentum größte Verehrung.

Unierte Kirchen: Die Kirchen, die aus der Vereinigung (Union) verschiedener protestantischer Konfessionen (→) hervorgegangen sind. Anfang des 19. Jahrhunderts schlossen sich in mehreren Gebieten Deutschlands lutherische und reformierte Kirchen zusammen. Die unierten Kirchen schlossen sich nach dem 2. Weltkrieg in der *Arnoldshainer Konferenz* zusammen, die dann am 1. Juli 2003 in der UEK, in der Union Evangelischer Kirchen, aufging.

VELKD: Abkürzung für Vereinigte Evangelisch-Lutherische Kirche Deutschlands. Die VELKD ist 1948 in Eisenach gegründet worden. Sie ist ein Zusammenschluss von acht evangelisch-lutherischen Kirchen zu einer Kirche. Durch ihre Gliedkirchen, die zugleich auch der Evangelischen Kirche in Deutschland (EKD) angehören, ist die VELKD eng mit der EKD verbunden.

Zebaoth (hebräisch: Heerscharen): Im AT (→) häufiger Zusatz zum Gottesnamen JHWH (→).

Quellenverzeichnis

Bilder

Umschlagfoto © M. Fabian
S. 3 Foto © M. Fabian.
S. 9 Bild: Vogel III © The Catalogue Maker.
S. 9 Postkarte: Mädchen mit ausgebreiteten Armen © Gutsch Verlag.
S. 9 Foto © M. Fabian.
S. 14 Plastik: Bleib sein Kind, D. Steigerwald, 1963. Copyright by. Joh. Brendow & Sohn GmbH, Moers.
S. 23 Abb.: Hände © Th. Victor.
S. 27 Ölgemälde: Tanz's, C. Hölschermann, 1998.
S. 29 Ölgemälde: Fabelhaft, C. Hölschermann, 1997.
S. 29 Foto: Kreuz © B. Hanselmann.
S. 36 Foto © H. Victor.
S. 39 Figur: Museum für Kunst und Gewerbe Hamburg. Foto © Th. Hirsch-Hüffell.
S. 40 Tonfiguren © B. und S. Baumgartner.
S. 49 Fotos © Chr. Kopp.
S. 59 Foto: Blutbad mit 25 Toten in US-Schule, AFP Leffingwell © dpa-Fotoreport.
S. 59 Fotos: Trauerzug © Th. Bergermann.
S. 63 Holzschnitt: Hiob, in Holz geschnitten von W. Gothein, Hans Günther Ziegler Verlag Schwenningen am Neckar.
S. 67 Fotos © S. Fleischer.
S. 69 Fotos © N. Dennerlein.
S. 79 Bilder: Konfirmandenarbeiten, fotografiert von C. Mork.
S. 90 Foto: Junge mit Sonnenbrille © Timo Lambrecht.
S. 94 Holzschnitt Die gekrümmte Frau, Sr. Sigmunde May, OSF © Kloster Sießen.
S. 96 Zeichnungen © J. Langbein.
S. 97 Zeichnung © K. Meyer.
S. 98 Zeichnung © J. Langbein.
S. 99 Fotos © Henning Plote.
S. 106 Foto © Henning Plote.
S. 109 Foto: Segen © Lücking Design, Vlotho.
S. 109 Foto: Kelch © R. Smietana.
S. 109 Foto: Kreuz am See © R. Smietana.
S. 116 Zeichnung © J.Langbein.
S. 119 Foto: Body-painting © Premium Stock Photography GmbH.
S. 119 Postkarte: Junges Paar am Meer © Gutsch Verlag.
S. 119 Foto: Punks © M. Simon.
S. 120 Foto © N. Dennerlein.
S. 121 Foto: Kutte © B. Bindewald.
S. 123 Gesamtkomposition © M. Hinderer.
S. 130 Karikatur © J. Langbein.
S. 134/135 Zeichnung © J. Langbein.
S. 139, 142 Foto: Drei Freunde © H. Freudenberg.
S. 139, 142 Foto: Liebespaar © N. Dennerlein.

S. 142 Foto: Älteres Paar © Getty Images.
S. 149 Foto: Landschaft © N. Dennerlein.
S. 149 Foto: Himmel © N. Dennerlein.
S. 159 Foto: Sprung © Th. Hirsch-Hüffell.
S. 160 Abb.: Tür © Vandenhoeck & Ruprecht.
S. 160 Foto: Skulptur © E. Langbein.
S. 163 Foto © E. Langbein.
S. 166 Foto © N. Dennerlein.

Sowie: Fotos S. 19; 28; 29; 39; 49; 69; 79; 89; 109; 119; 129; 142; 149; 150; 159 © Weckner Fotosatz GmbH | media + print, Göttingen.

Texte

S. 47 Texte: Mutter Teresa © M. Borrée.
S. 57 Text: Die Heilige Gabe des Festes © S. Macht.
S. 76 Liedtext: Das Zeichen, Schalom ben Chorim, 1942 © Hänssler-Verlag.
S. 90 Gedicht © Timo Lambrecht.
S. 97 Liedtext: Liebe ist nicht nur ein Wort, E. Bücken.
S. 105 Text: M. Luther, Der kleine Katechismus. 4. Hauptstück, Das Sakrament der heiligen Taufe; EG 806.4.
S. 117 Liedtext EG 228, E. Bücken.
S. 127 Liedtext beatbetrieb © Th. Eißler, M. Janz, D. Pieper, D. von Krogh, G. von Sydow, T. Wörner.
S. 136 Text: M. Luther, Der Kleine Katechismus. 1. Hauptstück, Die Zehn Gebote; EG 806.1.
S. 137 Text: Aus: Anthony de Mello, Der Dieb im Wahrheitsladen © Verlag Herder, Freiburg im Breisgau, 2. Auflage 1998.
S. 140 Liedtext: Der Junge und der Teufel, M. Kunze.
S. 145 Liedtext: EG 409 Gott liebt diese Welt, W. Schulz.
S. 146: Martin Buber, Die Erzählungen der Chassidim © Manesse Verlag, Zürich 1949.S.434.

Bibeltexte

S. 34, S. 63, S. 75 S. 77, S. 78, S. 94, S. 104, S. 105, S. 106, S. 114, S. 126, S. 135, S. 145, S. 152, S. 155, S. 156: Lutherbibel, revidierter Text 1984, durchgesehene Ausgabe in neuer Rechtschreibung © 1999 Deutsche Bibelgesellschaft Stuttgart.

Der Verlag hat sich bemüht, die Rechteinhaber der verwendeten Materialien ausfindig zu machen. Für weiterführende Hinweise sind wir dankbar.